Allitera Verlag

Christian Enz, M.Sc., PR-Berater (DPRG) und Bankkaufmann (IHK), leitet den Fachbereich ‚Marketing und Kommunikation' der Kreissparkasse Höchstadt/Aisch. Er ist seit über 10 Jahren in Leitungspositionen verschiedener regionaler Banken tätig. Ebenso lange ist er als freier Journalist für Presse und Rundfunk gefragter Ansprechpartner bei Fragen zu regionalen, wirtschaftlichen Zusammenhängen. Christian Enz befasst sich zudem im Rahmen eines Forschungsprojektes der Flensburg.School for Advanced Research Studies mit dem Strukturwandel der regionalen Bankenlandschaft – und den daraus resultierenden strategischen Optionen.

Christian Enz

Erfolgsmodell Stiftungen

Ein Marketing-Leitfaden für Sparkassen und regionale Banken

Allitera Verlag

Weitere Informationen über den Verlag und sein Programm unter:
www.allitera.de

Juli 2013
Allitera Verlag
Ein Verlag der Buch&media GmbH, München

Umschlaggestaltung: Dietlind Pedarnig unter Verwendung
eines Bildes von © sky_max – Fotolia.com
Printed in Germany · ISBN 978-3-86906-490-1

Stiften heißt Spuren hinterlassen.
Deshalb ist dieses Buch, unterstützt durch die
Kreissparkasse Höchstadt a. d. Aisch,
all jenen gewidmet,
die mich in meinem bisherigen
beruflichen Leben begleitet und
dort Spuren hinterlassen haben.
In besonderem Maße gilt dies für:

Richard Cesinger
Günther Schirmer
Johann Seitz
Norbert Müller
Karl-Heinz Röttenbacher
Friedrich Wilhelm Raiffeisen
Karl Halbmeier
Gerhard Walther
Frank Wunderlich
Rolf Oberhäußer
Uwe Dohle

Herbert Fiederling

Inhalt

Grußwort von Joachim Herrmann

Das Stiftungswesen hat in Bayern eine lange und reiche Tradition. Die älteste noch bestehende Stiftung in Bayern, die Hospitalstiftung in Wemding im Landkreis Donau-Ries, entstand bereits im 10. Jahrhundert. Nach zwei empfindlichen Einbrüchen durch die beiden Weltkriege hat sich das Stiftungswesen zum Glück wieder erholt und erlebt seit einigen Jahren eine Renaissance.

Stiftungen sind heute – als Ausdruck einer starken und aktiven Bürgergesellschaft – für unser Gemeinwesen unverzichtbar. Ohne Stiftungen wäre unser Land um vieles ärmer. Von Kindergärten über Schulen und Universitäten bis hin zu Altersheimen, von sozial-karitativen und kulturellen Einrichtungen bis hin zum Umweltschutz – überall könnten viele Einrichtungen und Leistungen ohne Stiftungen gar nicht aufrechterhalten werden. Stiftungen springen auch dort ein, wo der Staat an seine finanziellen und rechtlichen Grenzen stößt. Sie sind flexibel, sie können kurzfristig und ohne Bürokratie arbeiten und helfen. Bund und Länder haben dies erkannt und sind daher bestrebt, die bestmöglichen Rahmenbedingungen zu schaffen, um Stifterengagement zu fördern.
Regionale Banken und Sparkassen sind weit mehr als nur Ansprechpartner für alle Fragen ihrer Kunden rund um Geldanlage und Vermögensverwaltung. Durch ihre tiefe Verwurzelung in der Region sind ihnen nicht nur die wirt-

schaftlichen Möglichkeiten und gesellschaftlichen Bedürfnisse stifterischen Engagements bekannt. Vielfach sind regionale Banken auch selbst als Stifter aktiv geworden und zeigen damit ethisch verantwortungsvolles Handeln als Korrektiv zum ungezügelten Gewinnstreben manch anderer Geldinstitute, das die schwerste Finanzkrise seit den 1930er-Jahren ausgelöst hat.

Ich begrüße es daher sehr, wenn sich Banken und Sparkassen auch aktiv für die Gewinnung von Stiftern und Zustiftern engagieren. Sie leisten damit einen wichtigen Beitrag zum Erhalt der Lebensqualität und letztlich zum Wohle aller Bürgerinnen und Bürger.

Joachim Herrmann
Bayerischer Staatsminister des Inneren
Mitglied des Bayerischen Landtags

1 Einleitung

Lange Zeit stand die Gewinnung von Neukunden im Fokus der deutschen Finanzdienstleister. Beinahe um jeden Preis versuchten Banken und Versicherungen, sich gegenseitig Kunden abzujagen. Mit Erfolg, denn das Thema Bankensicherheit spielte bei den Anlegern keine Rolle. Hatte es in Deutschland doch seit dem Krieg keine Bankenpleiten gegeben, auf Grund deren Anleger Geld verloren hätten. Doch die weltweite Finanz- und Bankenkrise setzte dieser Entwicklung ein plötzliches Ende. Gerade ausländische Banken und private Kreditinstitute verloren massiv das Vertrauen ihrer Kunden. Anleger suchten Sicherheit – und glaubten, diese vor allem bei den als solide und zuverlässig geltenden Sparkassen und Genossenschaftsbanken zu finden. Deutlich wurde dies in einer durch die Icon Added Value GmbH (ICON) im Auftrag des Deutschen Sparkassen- und Giroverbandes (DSGV) durchgeführten Studie. Die Meinungsforscher ermittelten, dass 63 Prozent der deutschen Bundesbürger den Sparkassen hohes oder sehr hohes Vertrauen entgegenbrachten, 56 Prozent hielten dies auch bei Raiffeisen- und Volksbanken für gerechtfertigt.[1] Diese Einschätzung spiegelte sich auch im Kundenverhalten wider. So konnte beispielsweise die Sparkassen-Finanzgruppe im Jahr 2008, dem ersten Höhepunkt der weltweiten Finanzkrise, ihre Kundeneinlagen um 24,8 Milliarden Euro erhöhen. Dies bedeutete den größten Kapitalzufluss seit der Einführung des Euro im Jahr 2002.[2] Allerdings gab es in den letzten Jahren immer wieder wirtschaftliche Problemfelder, die für Verunsicherung bei Spar-

1 Vgl. (Marotzke, 2010)
2 Vgl. (Most, 2009)

ern, vor allem aber bei renditeorientierten Anlegern sorgten. Exemplarisch genannt seien hier die Argentinien-Krise (Beginn 1998) sowie das Platzen der Dotcom-Blase (2000). Letzteres bedeutete nicht nur hohe Verluste für Anleger und institutionelle Investoren, es zog mit der Auflösung des NEMAX sogar das Ende eines kompletten Kapitalmarktsegments nach sich. Doch trotz dieser negativen Entwicklungen kehrte das Vertrauen der Anleger in den Kapitalmarkt relativ schnell wieder zurück. So war das den deutschen Publikumsfonds im Jahr 2000 anvertraute Vermögen von 445 Milliarden Euro im Krisenjahr 2002 auf 407 Milliarden abgeschmolzen. Doch nur zwölf Monate später standen 462 Milliarden Euro in den Büchern deutscher Fondsverwalter – und damit immerhin 17 Milliarden mehr als vor dem Zusammenbruch des Neuen Markts.[3] Dies zeigt deutlich, dass der Bankenmarkt inzwischen »geprägt ist von immer kürzeren Produktlebenszyklen [...] und einem sich schnell verändernden Kundenverhalten«[4]. In besonderem Maß betrifft diese Verhaltensweise das attraktive Kundensegment der vermögenden Privatkunden. Für den konstanten Erfolg einer Bank oder Sparkasse ist es deshalb von zentraler Bedeutung, »Kunden auch langfristig an das eigene Institut zu binden«.[5] Dies hat zu einem Paradigmenwechsel vom Transaktionsmarketing, in dessen Mittelpunkt der einzelne Produktverkauf stand, hin zum Beziehungsmarketing geführt. »Ziel des Beziehungsmarketings ist der Aufbau einer dauerhaft einzigartigen Beziehung zum Kunden, die nicht von der Konkurrenz kopiert oder übernommen werden kann und

3 Vgl. (Bundesverband Investment und Assest Management e. V., 2010, S. 11)

4 (Kaiser, 2006, S. 49)

5 (Ebd.)

somit einen strategischen Wettbewerbsvorteil darstellt.«[6] Für eine dauerhafte Kundenbindung sprechen neben diesen strategischen Überlegungen auch monetäre Gründe. So ist es statistisch betrachtet sieben Mal teurer, einen Neukunden zu gewinnen, als einen Bestandskunden zu halten.[7]

Über alle Bankengruppen hinweg soll das Ziel der langfristigen Kundenbindung mittels einer ganzheitlichen Beratung erreicht werden. Deren Grundlage ist dabei stets, wie der Vorstandsvorsitzende der österreichischen Schoellerbank Jürgen Danzmayr erklärt, eine individuelle Bedürfnisanalyse.[8] Diese ermöglicht es dem Berater, nicht nur aktuelle Kundenwünsche zu befriedigen, sondern gleichzeitig erst in der Zukunft auftretende Bedürfnisse frühzeitig zu erkennen. So erschließen sich dem Kundenberater Gesprächsanlässe, aus denen er künftig weiteres Geschäft generieren kann. »Die Kundenbeziehung endet [somit] nicht mit dem Abschluss einzelner Transaktionen, sondern wird mit dem Ziel weitergeführt, den Kunden zu möglichst vielen Wiederholungstransaktionen zu bewegen.«[9]

Das Konzept der ganzheitlichen Beratung ging einher mit der Einführung einer standardisierten Beratung. Hatte früher jeder Kundenberater selbst die Verantwortung für den Gesprächsaufbau, so stehen den Bankmitarbeitern heute vorgefertigte Beratungshilfen zur Verfügung. Diese existieren in unterschiedlichen Formen, als Computerprogramme oder als Printprodukte. Gemein ist ihnen, dass sie den Berater strukturiert durch das Kundengespräch führen und so dafür sorgen, dass alle möglichen Bedarfsfelder angesprochen werden können. Ein Konzept, das um die Jahrtausend-

6 (Kaiser, 2006, S. 49)
7 Vgl. (Rüth, 2009)
8 Vgl. (Reisinger, 2008)
9 (Lihotzky, 2003, S. 36)

wende mit dem Slogan »Dresdner Bank – Die Beraterbank« erstmals auch in den werblichen Mittelpunkt gerückt wurde und anstelle der Konditionen eine hochwertige Bankberatung in den Fokus stellte. Ralf Winter, damals Marketingreferent des Genossenschaftsverbands Bayern, führte im Jahr 2004 unter dem Titel »VR Check-Up« ein ähnliches Modell für Raiffeisen- und Volksbanken ein, das heute leicht modifiziert unter der Marke »VR FinanzAnalyse« deutschlandweit im Einsatz ist. Auch die Sparkassen-Finanzgruppe setzt seit einigen Jahren unter dem Namen »Sparkassen-Finanz-Check« ein standardisiertes Beratungskonzept ein.

So unterschiedlich die Namen, so ähnlich sind sich die Beratungskonzepte in ihrer Vorgehensweise. Am Anfang steht dabei stets die Frage: »Welche Finanzprodukte nutzt der Kunde bereits?« Im Gesprächsverlauf werden dann, abhängig von der jeweiligen Lebenssituation des Kunden, seine zukünftigen Ziele ermittelt. Anschließend werden dem Kunden Produkte angeboten, mit denen er diese Ziele in einem selbst gesteckten Zeitplan erreichen kann. Im Mittelpunkt standen dabei bisher zwei Kernziele: ein möglicher Immobilienwunsch und die finanzielle Absicherung des Lebensstandards im Ruhestand. Aufgrund der demografischen Entwicklung gewinnt aber ein drittes Ziel immer mehr an Bedeutung: die Nachlassregelung. Diese gilt es unter zwei Aspekten zu betrachten. Zum einen unter steuerlichen Gesichtspunkten. Durch die Neuregelung der Erbschaftssteuer erhebt die öffentliche Hand inzwischen Anspruch auf einen Großteil des zu vererbenden Vermögens, gerade wenn keine unmittelbaren Angehörigen bedacht werden können oder sollen. Zum anderen steigt die Zahl der wohlhabenden Singles, die nicht mehr in das tradierte Modell einer Familie eingebunden sind – und folglich auch über keine Kinder oder Enkel verfügen, die versorgt werden müssen. Doch gerade diese Personen übernehmen gerne Verantwortung für die Allgemeinheit oder suchen nach Möglichkeiten, sich selbst ein Andenken bewahren zu können. Diese Entwicklung bewegt immer mehr Kreditinstitute, sich dem Thema Stiftungsmanagement anzunehmen. Durch die Aufnahme des Produkts »Stiftung« in das eigene Portfolio erhofft man sich, große Kundeneinlagen gegen Abwanderung abzuschirmen. Vor allem kleine und mittlere Häuser stellen sich aber auch die Frage, wie sie sich dem Thema Stiftung nähern können, ohne sich mit den Folgearbeiten zu überfordern, und wie eine erfolgreiche Markteinführung gelingen kann, auch wenn das derzeit vorhandene Potenzial noch überschaubar ist. Diese Kernfragen werden im Folgenden beantwortet.

2 Die Stiftung

Das vorliegende Buch verfolgt das Ziel, regionale Banken und Sparkassen bei Entscheidungen darüber zu unterstützen, ob das Geschäftsfeld Stiftungsmanagement einen attraktiven Geschäftsbereich darstellen kann – und wie es gelingt, diesen erfolgreich zu erschließen. Bevor es um die Frage nach geeigneten Dienstleistungen für potenzielle Stifter und Zustifter gehen kann, soll das Thema in der Gesamtheit erschlossen werden. Im Folgenden werden deshalb die wesentlichen Eckpunkte vorgestellt. Einem Praxishandbuch ist es allerdings nicht möglich, an allen Stellen detaillierte Tiefe zu gewinnen. Es empfiehlt sich daher, gegebenenfalls weitere Fachliteratur hinzuzuziehen. Anregungen hierfür finden sich im Anhang.

2.1 Stiftungen in Deutschland – eine Standortbestimmung

Bereits um zirka 900 nach Christus wurde mit den Vereinigten Pfründhäusern Münster die erste Stiftung in Deutschland begründet. Nur 50 Jahre später entstand mit der Hospitalstiftung Wemding in Ries auch in Bayern die erste Stiftung.[10] Anders als im Ausland, vor allem in den USA, spielte das Thema Stiftung in Deutschland trotzdem lange Zeit nur eine untergeordnete Rolle. Doch dies hat sich in den letzten Jahren gravierend geändert. »Da der Staat zunehmend an seine Grenzen stößt und sich aus einzelnen Aufgabenbereichen zurückziehen muss, werden Stiftungen

10 Vgl. (Freiherr von Campenhausen & Seifart, 1999, S. § 1 Rn. 1)

als eine Lösung angesehen, welche die entstehende Finanzierungslücke füllen kann. Dieser Gedanke ist konsequent und auch insofern richtig, als diese Aufgabenbereiche nach dem Stifterwillen abgedeckt werden sollen.«[11] Die Politik hat dies erkannt und mit Reformen in den Jahren 2002 und 2007 dafür gesorgt, dass Stiften in Deutschland deutlich attraktiver geworden ist. Dies löste in den letzten Jahren einen regelrechten Stiftungsboom aus. Den bisherigen Höhepunkt der Stifteraktivitäten bildet dabei das Jahr 2007, in dem allein 1134 Stiftungen begründet wurden. Zwar ging die Anzahl der Gründungen inzwischen wieder zurück, liegt mit 645 neuen Stiftungen im Jahr 2012 aber immer noch auf sehr hohem Niveau.[12] Diese Zahlen sind allerdings differenziert zu betrachten. Denn Stiftung ist nicht gleich Stiftung. Entscheidend für die Leistungsfähigkeit ist die Kapitalausstattung. Nach derzeitigem Kenntnisstand bedarf es eines Grundstocks von 50000 Euro, um eine Stiftung langfristig am Leben zu erhalten. Um nachhaltig Gutes für die Allgemeinheit bezwecken zu können, sind aber noch höhere Summen notwendig. Viele der neu begründeten Stiftungen verfügen aber nicht einmal über das genannte Mindestkapital. »Die dauerhafte Überlebensfähigkeit dieser Kleinstiftungen ist realistischerweise als sehr gering zu betrachten, es muss davon ausgegangen werden, dass diese in absehbarer Zeit aufgelöst oder mit anderen Stiftungen zusammengelegt werden müssen, gelingt es nicht, das Stiftungskapital nachhaltig zu erhöhen. Dies gilt insbesondere für Kleinstiftungen, die von einer Einzelperson angestiftet wurden und nun auf Zustiftungen Dritter hoffen – im hart umkämpften Fundraising-Markt ein zuweilen hoffnungsloses Unterfangen.«[13]

11 (Haase-Theobald, 2007, S. 28)
12 Vgl. (Bundesverband Deutscher Stiftungen, 2012)
13 (Haase-Theobald, 2007, S. 27)

Nichtsdestotrotz: Stiftungen sind ein wichtiges Instrument zur Umsetzung des vielfach geforderten bürgerschaftlichen Engagements und in vielen Fällen auch ein Drei-Gewinner-Modell. Zuerst gewinnt der Stifter selbst, der durch eine Stiftungsgründung Reputation erreichen und gleichzeitig in den Genuss von Steuervorteilen kommen kann. Gewinner sind daneben auch die Organisationen, Initiativen und Projekte, die mit den Ausschüttungen der Stiftungen bedacht werden. Da die öffentliche Hand immer weniger Geld in nicht-hoheitliche Aufgaben investieren kann, werden viele solche Einrichtungen künftig nur noch mithilfe privater Finanzhilfen existieren können. Darüber hinaus können auch Kreditinstitute zu den Gewinnern eines erfolgreichen Stiftungsvorhabens zählen. Zum einen, weil sie als attraktiver Partner wahrgenommen werden, der auch tatsächlich etwas für die Menschen vor Ort unternimmt. Da sich Sparkassen, aber auch Genossenschaftsbanken im Rahmen ihrer allgemeinen Öffentlichkeitsarbeit ohnehin dem Allgemeinwohl verpflichtet präsentieren, lassen sich hier starke Synergieeffekte generieren. Zum anderen, weil das Stiftungsvermögen langfristig als Kundeneinlage auf der Passiv-Seite zu Verfügung stehen kann und damit das Kerngeschäft nachhaltig unterstützt.

2.2 Stiftungsformen – ein Überblick

»Mit dem Begriff ›Stiftung‹ werden verschiedene, wenn auch verwandte Institutionen bezeichnet, die sich in ihrer juristischen Konstruktion, ihrer gesellschaftlichen Rolle und ihren funktionellen Eigenarten unterscheiden.«[14] Allen Stiftungen

[14] (Meyn, Richter & Koss, 2009, 2. Auflage, S. 37)

gemein ist jedoch, dass sie eine juristische Person darstellen, »die im Gegensatz zu anderen juristischen Personen keine Gesellschafter oder Mitglieder hat.«[15] Zudem verfügt jede Stiftung über einen bestimmten Zweck.[16] Diesen Zweck kann der Gründungsstifter selbst bestimmen. Da Stiftungen bereits zu Lebzeiten errichtet werden können, besteht für den Gründungsstifter sogar die Möglichkeit, den Stiftungszweck nachträglich zu ändern. Dies kommt in der Praxis jedoch kaum vor. Eine Rückabwicklung der Stiftung und die Auszahlung des Stiftungskapitals an den Stifter sind dagegen ausgeschlossen.

Grundsätzlich gilt: Eine Stiftung ist auf Dauer angelegt. Der Begriff Dauer gilt dabei in zweifacher Hinsicht. Einerseits muss der Stiftungszweck so ausgewählt werden, dass es sich um ein dauerhaftes Ziel handelt und nicht um ein einmaliges Projekt. Beispielsweise kann es nicht Zweck einer Stiftung sein, das Vereinsfest zum 100-jährigen Bestehen des örtlichen Sportvereins zu unterstützen. Wohl möglich ist es aber, eine Stiftung mit dem Zweck »Unterstützung der Jugendarbeit des örtlichen Sportvereins« zu gründen.

Andererseits muss die Stiftung so angelegt sein, dass sie den gewählten Zweck realistischerweise auf Dauer erfüllen kann. Dieses bedarf einer geeigneten Organisation ebenso wie einer ausreichenden Kapitalausstattung. Dabei ist zu beachten, »dass die Stiftungsdotation nicht nur so hoch ausgestaltet sein sollte, dass der Stiftungszweck nachhaltig verwirklicht werden kann, sondern von den Einnahmen auch notwendige Verwaltungskosten mit abgedeckt werden [können]. Dies gilt umso mehr, wenn der Stifter einen erheblichen Teil der Verwaltungstätigkeiten in Eigenregie abdeckt, für die früher oder später, spätestens mit dem

15 (Meyn, Richter, & Koss, 2009, S. 37)
16 Vgl. (Wigand, 2007, S. 34)

Ableben des Stifters, entsprechende Aufwendungen Dritter anfallen werden.«[17]

Wie eingangs beschrieben existieren verschiedene Formen von Stiftungen. Wichtigstes Unterscheidungskriterium ist hier der rechtliche Rahmen. Hierbei unterscheidet man zwischen Stiftungen des bürgerlichen Rechts, Treuhandstiftungen, Stiftungen des öffentlichen Rechts, kirchlichen Stiftungen, kommunalen Stiftungen und ausländischen Stiftungen. Um im Bereich des Stiftungswesens einen Überblick zu geben, werden die einzelnen Rechtsformen im Folgenden kurz erläutert. Ausführlich werden später die für den Bankvertrieb relevanten Formen beleuchtet.

2.2.1 Die Stiftung des Bürgerlichen Rechts

Eine Stiftung im Sinne des Bürgerlichen Gesetzbuchs (BGB) kann sowohl private Interessen verfolgen als auch dem Gemeinwohl dienen. In manchen Bundesländern werden Stiftungen, deren Zweck die Förderung des Allgemeinwohls ist, als öffentliche Stiftungen bezeichnet. Dies unterstreicht jedoch nur den der Allgemeinheit dienenden Stiftungszweck und hat keine Auswirkungen auf die Stiftung als solche. Gemeinhin als öffentliche Zwecke und damit als gemeinnützig akzeptiert sind Religion, Wohltätigkeit, Wissenschaft, Forschung, Bildung, Erziehung, Unterricht, Kunst, Denkmalpflege, Heimatpflege und Sport.[18] Stiftungen zur Förderung von Maßnahmen in den wie zuvor genannten Spektren erfüllen in aller Regel, wenngleich auch nicht zwingend, steuerbegünstigte Zwecke im Sinne der Abgabenordnung. In diesem Fall kann eine Steuerbefreiung erfolgen.

17 (Meyn, Richter, & Koss, 2009, S. 37)
18 Vgl. (Haase-Theobald, 2007, S. 27)

Die genaue Ausgestaltung einer Stiftung des Bürgerlichen Rechts ist gesetzlich nicht definiert. »Dem Gesetz sind in §§ 80 ff. BGB allerdings konstitutive Elemente für eine Stiftung zu entnehmen.«[19] Werden diese erfüllt, so entsteht nach Abschluss des Stiftungsgeschäfts[20] eine rechtlich selbständige juristische Person. Hat der Stifter bei Ausgestaltung von Stiftungszweck und Organisation weitgehend freie Hand, so gilt nach erfolgreicher Begründung »die dauerhafte und staatlich garantierte Festlegung auf den Stiftungszweck«[21]. Aus diesem Grund sollte vor Errichtung einer eigenen Stiftung unbedingt geprüft werden, ob es Alternativen gibt, die den persönlichen Zielen und Wünschen eines potenziellen Stifters noch besser entgegenkommen. Zumal für die Gründung einer Stiftung des Bürgerlichen Rechts ein gewisses Vermögen vorhanden sein muss. Vor dem Gebot der dauernden und nachhaltigen Zweckerfüllung, wie sie in § 80 Abs. 2 BGB gefordert ist, erwarten die Anerkennungsbehörden inzwischen ein Mindestkapital zwischen 25 000 und 60 000 Euro.[22]

2.2.2 Die Treuhandstiftung

Wer nur ein kleineres Vermögen für eine Stiftung einsetzen kann oder den großen Aufwand einer eigenen Stiftungsgründung unter Einbeziehung von Steuer- und Rechtsberatung sowie des Notars scheut, für den stellt eine Treuhandstiftung eine interessante Alternative dar. Deshalb haben treuhänderische, auch fiduziarisch genannte, Stiftungen

[19] (Schauhoff, 2005, Einleitung Rn.34)

[20] Vgl. (Meyn, Richter & Koss, 2009, S. 53)

[21] Das BGB versteht unter Stiftungsgeschäft den Akt der Stiftungsgründung und grenzt damit die Begründung einer Stiftung sprachlich klar von der späteren Stiftung im Sinne einer juristischen Person ab. Anm. d. Verf.

[22] Vgl. (Meyn, Richter & Koss, 2009, S. 53)

inzwischen eine hohe Verbreitung.[23] »Vorteil der Treuhandstiftung ist, dass einzelne Aufgaben, aber auch die gesamte Verwaltung auf den Treuhänder übertragen werden können, was Verwaltungskosten spart.«[24] Der wesentliche Unterschied zur Stiftung im Sinne des BGB liegt darin, dass eine Treuhandstiftung keine juristische Person darstellt. Sie ist somit nicht rechtsfähig und unterliegt auch nicht der staatlichen Stiftungsaufsicht. Aufgrund der großen Bedeutung der Treuhandstiftung in Bezug auf das Stiftungsmanagement von Sparkassen und Banken wird auf dieses Thema unter 2.3 ausführlicher eingegangen.

2.2.3 Die Stiftung des Öffentlichen Rechts

Nicht mit öffentlichen Stiftungen im Sinne des BGB verwechselt werden dürfen die Stiftungen des Öffentlichen Rechts. Letztere erfüllen im Sinne der mittelbaren Staatsverwaltung öffentliche Aufgaben.[25] »Als Träger der öffentlichen Verwaltung sind sie den für die öffentliche Verwaltung allgemein geltenden Vorschriften unterworfen.«[26]

In der Form einer Stiftung des Öffentlichen Rechts ausgestaltet werden auch die sogenannten kommunalen Stiftungen. »Sie dürfen ausschließlich kommunale Zwecke verfolgen und sind damit in das Gefüge der öffentlichen Kommunalverwaltung eingebunden.«[27] Kommunale Stiftungen werden durch die für die Verwaltung zuständigen Organe vertreten. Die Rechtsaufsichtsbehörde nimmt die Kontrolle kommunaler Stiftungen wahr.

23 Vgl. (Hof, Bianchini-Hartmann, & Richter, 2003, S. 32)
24 (Wigand, 2007, S. 39)
25 Vgl. (Fleschütz, 2011)
26 (Andrick & Suerbaum, 2001, § 5 Rn. 41)
27 (Wigand, 2007, S. 40)

2.2.4 Die kirchliche Stiftung

Auf die längste Tradition im deutschen Stiftungswesen kann der Bereich der kirchlichen Stiftungen verweisen. Viele von ihnen bestehen bereits seit Jahrhunderten. »Kirchliche Stiftungen verfolgen ausschließlich oder überwiegend kirchliche Aufgaben und weisen eine besondere organisatorische Bindung zur Kirche auf.«[28] Stiftungen dieser Art werden direkt durch die Kirchen gegründet und kommen insbesondere als ortskirchliche Stiftungen oder Pfründestiftungen vor. Pfründestiftungen wurden früher begründet, um damit den Lebensunterhalt der zumeist spärlich bezahlten Pfarrerschaft sicherzustellen.[29] Die Aufsicht über kirchliche Stiftungen übernimmt die jeweilige Kirche selbst.

2.2.5 Ausländische Stiftungen

Ausländische Stiftungen können grundsätzlich auch in Deutschland aktiv werden. Für sie ist jedoch der rechtliche Rahmen maßgeblich, der in dem Land gilt, in dem die jeweilige Stiftung ihren Sitz hat. Ausländische Stiftungen unterliegen zudem grundsätzlich nicht der deutschen Stiftungsaufsicht. »Ausländische Stiftungen deutscher Stifter verfolgen in der Regel (auch) keine steuerbefreiten gemeinnützigen Zwecke.«[30] Meist handelt es sich bei ausländischen Stiftungen um Familienstiftungen. Diese dienen zum Beispiel in Form einer Stiftung nach liechtensteinischem Recht der Versorgung des Stifters und seiner Angehörigen sowie der Verwaltung des Familienvermögens.[31] Da die Materie

28 (Wigand, 2007, S. 40)
29 (Ebd.)
30 (Evangelische Landeskirche Bayern, 2010)
31 (Wigand, 2007, S. 41)

der ausländischen Stiftungen sehr umfangreich ist und die Bedeutung in der Beratung bei Sparkassen und Banken eine untergeordnete Rolle spielt, wird an dieser Stelle nicht weiter darauf eingegangen. Erwähnt sei jedoch, dass Stiftungskonstrukte, in denen sich der Stifter eine Rückabwicklung offenhält, in Deutschland in aller Regel steuerlich nicht als Stiftung betrachtet werden. In diesem Fall gelten der Stifter sowie seine Angehörigen als Begünstigte und das Stiftungsvermögen wird ihnen direkt als eigenes Vermögen und Einkommen nach § 15 Abs. 1 Außensteuergesetz zugerechnet.

2.2.6. Die Vermögensverwaltung

Egal in welcher Form eine Stiftung errichtet wird – sie soll auf Dauer, also zeitlich unbefristet und somit endlos, ihren Zweck erfüllen. Erreicht wird dies durch das strenge Prinzip des Kapitalerhalts. Eine wie auch immer gestaltete Stiftungsverwaltung investiert das Stiftungskapital – und nur die Erträge dürfen entnommen und für die Erreichung des Stiftungszwecks eingesetzt werden. Aus diesem Grund stehen bei der Verwaltung von Stiftungsvermögen vor allem Sicherheit und stabile Ausschüttungen im Mittelpunkt. Da Stiftungen über einen besonders langen Anlagehorizont verfügen, können diese Ziele mit speziellen Strategien erreicht werden. Aus Kostengründen ist ein eigenes Vermögensmanagement für einzelne Stiftungen nur schwer oder überhaupt nicht darstellbar, und auch marktgängige Fonds bilden auf Stiftungsinteressen zugeschnittene Strategien kaum ab. Das liegt daran, dass sich die meisten Anlagekonzepte an einem Vergleichsindex orientieren und versuchen, diese Benchmark zu schlagen. Allerdings ist dieses Vorgehen nicht automatisch mit einem positiven Ertrag verbunden. Weist der Vergleichsindex eine negative Wertentwicklung auf, so kann sich dies auch auf das Anlagekapital auswirken – was für eine Stiftung auf Dauer nicht tragbar wäre.[32] Aus diesem Grund bietet die DekaBank, der Investmentfondsanbieter der Sparkassen-Finanzgruppe, seit April 2003 ein speziell an den Bedürfnissen von Stiftungen ausgerichtetes Produkt, den »Deka-Stiftungen Balance«, an. Ziel dieses Fonds ist ein mittel- bis langfristiger Kapitalzuwachs, insbesondere durch die Erwirtschaftung laufender Erträge.[33] Sein Ziel erreicht der »Deka-Stiftungen Balance« durch Einsatz des innovativen Sigma-Plus-Modells, das dem notwendigerweise konservativen Verlustprofil[34] Rechnung trägt. Natürlich ist vor einer Investition in diesen Fonds eine eingehende Beratung durch einen Sparkassen-Wertpapierberater erforderlich – die Vorstellung an dieser Stelle ist somit auch keine Kaufempfehlung. Dank einer weitgehenden Absicherung von Fremdwährungsrisiken und hohen Anforderungen an für Investitionen zur Verfügung stehenden Wertpapieren kann aus Sicht von Fondsexperten ein Wertverlust mittelfristig wohl ausgeschlossen werden.[35]

Die Ertragsverwendung des »Deka-Stiftungen Balance« sieht dabei eine quartalsweise Ausschüttung vor und sorgt auf diese Weise für kontinuierliche Liquidität bei den investierenden Stiftungen. Ein Konzept, das bereits mehrfach von Ratingagenturen ausgezeichnet wurde[36] und dem Fonds im Dreijahresvergleich von »Börse Online« einen Platz in der Spitzengruppe sicherte.[37]

32 Vgl. (Wigand, 2007, S. 223)
33 Vgl. (DekaBank, 2011), S. 5 am 18.11.2012
34 Vgl. (Deka Investment GmbH, 2012), S. 1
35 Vgl. (Dekabank, 2012) am 18.11.2012
36 Vgl. (DekaBank, 2011), S. 5 am 18.11.2012
37 Vgl. www.boerse-online.de/fonds/nachrichten/fonds/:Stiftungsfonds--Konservativ-stabil-sozial/517203.html am 18.11.2012

Ein weiterer Vorteil – der sich auch für die Öffentlichkeitsarbeit von Stiftungen und Stiftergemeinschaften verwerten lässt – liegt darin, dass das Fondsmanagement bei seinen Anlageentscheidungen Aspekte der Nachhaltigkeit und Gemeinnützigkeit berücksichtigt.[38] So sind beispielsweise Anbieter von Abtreibungsmitteln und -dienstleistungen, Waffenkonzerne oder Tabakhersteller aus dem Portfolio ausgeschlossen. Gleiches gilt für Unternehmen, die mit Korruption, gentechnisch veränderten Lebensmitteln oder Tierversuchen in Verbindung stehen.[39]

2.3 Stiftergemeinschaft – ein Erfolgsmodell

Eine Stiftung ist auf Dauer, also über Generationen hinweg, angelegt. Zur Gründung bedarf es deshalb eines nachhaltig förderungswürdigen Zwecks ebenso wie eines hohen Stiftungskapitals. Muss dieses doch genügend Erträge erwirtschaften, um den Stiftungszweck zu erfüllen, und gleichzeitig die Stiftungsverwaltung finanzieren. In der Praxis hat sich gezeigt, dass hier, je nach Stiftungszweck, eine Summe von 25 000 bis 60 000 Euro als Grundstock notwendig ist. Dies macht es in der Praxis schwer, geeignete Stifter zu finden. Denn neben gemeinnützigen Zwecken wollen potenzielle Stifter Teile ihres Vermögens auch an Angehörige, etwa Kinder oder Enkel, weitergeben.

Als interessante Alternative zur selbst begründeten Stiftung gewinnen Stiftergemeinschaften deshalb mehr und mehr an Bedeutung.[40] Die Stiftergemeinschaft bietet dabei unterschiedliche Möglichkeiten. So kann die Unterstüt-

[38] Vgl. (Geld-Magazin, 2009) am 18.11.2012
[39] Vgl. (Deka Investment GmbH, 2012), S. 3
[40] Vgl. (DekaBank, 2011), S. 18 am 18.11.2012

zung »im Rahmen einer eigenen Stiftung, einer Zustiftung oder einer Spende erfolgen«.[41] »Die Stiftergemeinschaft wird in der Regel als Treuhandstiftung mit unterschiedlichen Stiftungszwecken, z.B. in Kooperation mit institutionellen Partnern (Kommunen, Universitäten, Sparkassen etc.) errichtet und treuhänderisch [...] verwaltet.«[42] Dies hat mehrere Vorteile. Wie Sparkassendirektor Herbert Fiederling erklärt, »soll es die Stiftergemeinschaft als Dachorganisation Privatpersonen oder Firmen ermöglichen, ohne großen Verwaltungsaufwand und auch mit wenig Kapital Stiftungen zu gründen«.[43] Möglich sind dabei zwei Varianten einer Stiftung:

Zum einen die Namensstiftung. Diese kann bereits mit einer Summe von 25 000 Euro begründet werden und den Namen des Stifters beziehungsweise einen von ihm bestimmten Namen tragen. Darüber hinaus kann der Stifter selbst bestimmen, wie die Erträge seines Stiftungsvermögens eingesetzt werden sollen.[44] Zum anderen besteht die Möglichkeit einer Zustiftung. In diesem Fall entscheidet sich ein Mäzen dafür, mit seinem Kapital die Ziele einer bereits unter dem Dach der Stiftergemeinschaft vorhandenen Stiftung zu unterstützen. Durch die Zustiftung, die bereits ab einer Höhe von 201 Euro möglich ist, wird das bestehende Stiftungskapital auf Dauer erhöht. Dies stärkt die Leistungsfähigkeit der Stiftung und ermöglicht höhere Ausschüttungen zur Erfüllung des bereits definierten Stiftungszwecks. Unter steuerlichen Gesichtspunkten bieten beide Varianten dem Stifter übrigens die gleichen Vorteile.

41 (Deutsche Stiftungstreuhand AG, 2011)
42 (Enz, 2010b)
43 (Deutsche Stiftungstreuhand AG, 2011)
44 Vgl. (Dorsch, 2010)

2.3.1 Ein Plus an Bequemlichkeit

»Als selbstständige juristische Person entsteht die Stiftung erst durch die staatliche Anerkennung.«[45] Dieser Anerkennung geht ein offizielles Prüfungsverfahren voraus. Darin wird die Gemeinnützigkeit des Stiftungszwecks ebenso hinterfragt wie die langfristige Ertragsfähigkeit des geplanten Stiftungsvermögens und die Ausgestaltung des Satzungswerks.[46] Für ein erfolgreiches Durchlaufen dieses staatlichen Prüfungsverfahrens ist das Hinzuziehen von steuerlichem und rechtlichem Beistand ebenso unumgänglich wie zahlreiche Behördengänge und ggf. auch Notartermine. Wesentlich bequemer ist da die Gründung einer Treuhandstiftung unter dem Dach einer Stiftergemeinschaft. Hier entsteht keine rechtlich selbstständige Stiftung und damit entfällt das langwierige und arbeitsintensive Zulassungsverfahren durch die öffentliche Hand. Außerdem bietet der Stiftungstreuhänder in der Regel einen effizient vorbereiteten Gründungsprozess. Der Stifter braucht nur eine der Satzung der Stiftergemeinschaft entsprechende Zweckbestimmung vorzunehmen und den Empfänger zu bestimmen. Möglich sind in der Regel sämtliche Maßnahmen in den Sektoren Jugend- und Altenhilfe, Umwelt- und Tierschutz sowie Kultur und Heimatpflege.

Darüber hinaus ermöglicht ein Engagement im Rahmen einer Stiftergemeinschaft dem Mäzen ein Höchstmaß an Flexibilität. Anders als bei einer selbständigen Stiftung müssen sich Stifter in einer Stiftergemeinschaft »nicht dauerhaft auf den ursprünglich gewählten Stiftungszweck festlegen, sondern können innerhalb der in der Stiftungssatzung

[45] (Enz, 2010b)
[46] Vgl. (Bezirksregierung Münster, 2008, S. 10)

aufgeführten gemeinnützigen, mildtätigen oder kirchlichen Zwecke wechseln«.[47] Dies ist besonders attraktiv, weil es dadurch möglich wird, die Vorteile des bewusst starr gehaltenen Konstrukts einer Stiftung zu nutzen und gleichzeitig die Chance zu wahren, gute Taten an die eigenen, sich im Laufe der Jahre und Jahrzehnte manchmal wandelnden Werte anzupassen.

2.3.2 Gemeinsam stark und flexibel

Das operative Geschäft einer Stiftergemeinschaft wird durch einen Treuhänder abgewickelt. Große Dienstleister wie die Deutsche Stiftungstreuhand AG betreuen gleichzeitig zahlreiche Stiftungen und Stiftungsgemeinschaften. Dies ermöglicht es, die laufenden Verwaltungskosten im Vergleich zu eigenständigen Stiftungsorganisationen niedrig zu halten. So können Stiftungen bereits mit dem vergleichsweise niedrigen Grundkapital von 25 000 Euro gegründet werden. Zudem bietet sich die attraktive Option einer Anschubstiftung. Mit kleinen Beträgen können Stifter so bereits zu Lebzeiten ihre eigene Namensstiftung errichten. Dies gibt dem Stifter die Möglichkeit, die Arbeitsweise seiner Stiftung kennenzulernen und die Stiftung zu Beginn selbst zu repräsentieren. Im Rahmen der Erbschaftsregelung wird dann das Stiftungsvermögen aufgestockt und damit die langfristige Leistungsfähigkeit sichergestellt. Zudem hat der Gründungsstifter zu Lebzeiten noch die Gelegenheit, selbst noch um Spenden und Zustiftungen zu seiner persönlichen Stiftung zu werben, was ebenfalls positiv auf das nachhaltig wohltätige Wirken der Stiftung wirkt. Allerdings sollte jeder Gründungsstifter im Rahmen seiner Nachlassregelung

[47] (Bezirksregierung Münster, 2008, S. 10)

so viel Kapital für die Stiftung zur Verfügung stellen können, dass sich diese auch ohne weitere Mittel von dritter Seite tragen kann. Denn das Werben von fremder Unterstützung fällt in vielen Fällen weitaus schwerer, als ein motivierter Mäzen am Anfang seiner Stiftertätigkeit vermutet. Zudem ist bei der letztwilligen Verfügung zugunsten der eigenen Stiftung besondere Sorgfalt geboten, da Nachbesserungen naturgemäß ausgeschlossen sind.[48]

Eine sorgfältige Vorbereitung unter Beachtung rechtlicher und organisatorischer Voraussetzungen ist für den Erfolg einer Stiftungsgründung entscheidend. Doch der – häufig feierlich ausgestaltete – Gründungsakt stellt nicht den Schlusspunkt bürgerschaftlichen Engagements dar, wie fälschlicherweise häufig angenommen wird. Es handelt sich vielmehr um den Startschuss. »Auch die spätere Verwaltung [und Repräsentation bei Begünstigten und potenziellen dritten Geldgebern] der Stiftung stellt hohe Anforderungen.«[49] Gerade idealistische Gründer von Namensstiftungen übernehmen diese Aufgaben zu Lebzeiten gerne selbst, sehen sich dann aber mit der Frage konfrontiert, wer die Stiftung nach ihrem Tod weiterführen wird. Im Rahmen der Stiftergemeinschaft ist dies von Beginn an geregelt. »Ein durch die institutionellen Partner besetztes Gremium sorgt dauerhaft dafür, dass die Stiftung im Sinne des Willens der Stifter fortgeführt wird. Die Stiftergemeinschaften können hierbei auch von den Aufsichtsbehörden der institutionellen Partner geprüft werden.«[50]

48 Vgl. (Deutsche Stiftungstreuhand AG, 2011)
49 (Stiftergemeinschaft der Sparkasse Südliche Weinstraße, 2008, S. 10)
50 (Dies., S. 11)

3 Stiftung und Bank

3.1 Stiftungsmanagement – ein MaRisk-Projekt

Die Mindestanforderungen an das Risikomanagement (MaRisk) sind nationale Regelungen der Bundesanstalt für Finanzdienstleistungsaufsicht (BaFin) zur Ausgestaltung des Risikomanagements in Sparkassen, Banken und sonstigen Finanzdienstleistern.[51] Dort geregelt ist auch das Vorgehen bei der Einführung neuer Produkte. Neue Produkte im Sinne der MaRisk sind dabei »alle Geschäftsaktivitäten, zu deren Durchführung die Kreditinstitute noch über keine ausreichende Erfahrung verfügen«[52] – also auch die Erschließung eines neuen Geschäftsfelds wie dem des Stiftungsmanagements.

Um dieser Tatsache Rechnung zu tragen, sollte die Einführung des Geschäftsfelds Stiftung im Rahmen eines in den MaRisk geforderten New Product Processes (NPP-Prozess) erfolgen. Dazu bedarf es eines Projektauftrags, der üblicherweise im Rahmen eines Vorstandsbeschlusses erteilt wird. Kern des NPP-Prozesses ist die Ausarbeitung eines Produkteinführungskonzepts. Im Rahmen der Konzepterstellung müssen sich alle Beteiligten mit der Analyse des Risikogehalts des neuen Geschäftsfelds beschäftigen, ebenso mit den daraus resultierenden Auswirkungen auf das Gesamtrisikoprofil des Hauses.[53] Wenngleich das Geschäftsfeld Stiftung auf den ersten Blick im Vergleich zu Aktivgeschäft oder Investmentbanking kaum risikobehaftet zu sein scheint, so gibt es

[51] Vgl. (Ott und Kasprowicz 2013)
[52] (Wanka und Otzelberger 2012), S. 5
[53] Vgl. (Wanka und Otzelberger 2012), S. 6

doch Aspekte die im Vorfeld berücksichtigt werden sollten. Im Falle der Gründung einer Stiftergemeinschaft unter dem Dach einer externen Treuhandgesellschaft können künftige Stiftungen und Zustiftungen beispielsweise als verbundene Geschäfte betrachtet werden. Vor der Auswahl des künftigen Verbundpartners ist deshalb dessen Zuverlässigkeit zu prüfen. Kriterien hierfür können Kompetenznachweise des Managements, insbesondere im Bereich der Vermögensverwaltung, ebenso sein wie unabhängige betriebswirtschaftliche Testate, welche die Zahlungsfähigkeit beziehungsweise Kreditwürdigkeit des Anbieters belegen. Auch die Unternehmenshistorie sowie Mandatsreferenzen können hierbei berücksichtigt werden.

Sollte sich eine regionale Bank oder Sparkasse aus strategischen Gründen dazu entscheiden, das Geschäftsfeld Stiftung nicht nur beratend, sondern auch operativ in der Vermögensverwaltung zu begleiten, so gilt es zu klären, ob dafür personelle Kompetenz bereitsteht. Diese wäre ebenfalls durch bestimmte Nachweise beziehungsweise Fortbildungen der betrauten Mitarbeiter zu belegen. Außerdem muss geprüft werden, ob genügend Ressourcen für die durchgängige Betreuung der Stiftungsvermögen vorgehalten wird.

Neben der gebührenden Behandlung potenzieller Risiken ist in das Konzept des NPP-Prozesses auch eine zeitliche Abfolge der Geschäftsfeldeinführung zu integrieren. Diese soll für eine reibungslose Einführung unter Einbindung aller betroffenen Unternehmensbereiche sorgen. Außerdem sollte die Zeitschiene eine ausreichende Testphase beinhalten. Dieser Probezeitraum soll dazu dienen, die organisatorischen Abläufe zu überprüfen. Zentrale Fragen sind hier, ob alle rechtlichen Vorgaben eingehalten werden und ob die Durchlaufgeschwindigkeit den Anforderungen aus aufsichtsrechtlicher, bankinterner und nicht zuletzt aus

Kundensicht genügt. Während der Testphase dürfen im neu begründeten Geschäftsfeld Aktivitäten nur in überschaubarem Umfang durchgeführt werden. Erst nach Abschluss der Testphase und der Installierung von geeigneten Organisationsabläufen und Kontrollroutinen kann die endgültige Markteinführung erfolgen.[54] Konkret bedeutet dies: Es empfiehlt sich, zu Beginn ein einzelnes Stiftungsprojekt vom Anfang bis zur Stiftungsgründung zu begleiten, bevor das Stiftungsmanagement allgemein in die Öffentlichkeit getragen wird. Idealerweise kann hierfür eine eigene Stiftungsgründung der jeweiligen Regionalbank oder Sparkasse dienen. Aber auch die Gründung einer Bürgerstiftung durch eine Gemeinde, am besten eines Sachaufwandsträgers, eignet sich gut für eine NPP-konforme Testphase.

Unabhängig von der Durchführung eines NPP-Prozesses ist bei der Einführung eines neuen Geschäftsbereichs oder der Aufnahme branchenfremder Dienstleistungen in das Produktportfolio bei Kreditinstituten die Informationspflicht des Aufsichtsorgans zu beachten. Für Sparkassen gilt: Vor Beginn der Geschäftstätigkeit, also in der Regel vor dem Start der Testphase, ist der Verwaltungsrat zu informieren. Eine Zustimmungspflicht durch den Verwaltungsrat besteht dagegen zumeist nicht. Für genossenschaftliche oder private Banken gilt die Informationspflicht analog für den Aufsichtsrat.

3.2 Die Stiftung als Teil der PR

Durch den Markteintritt neuer Mitbewerber wie Auto-, Direkt- und Internetbanken sowie ausländischer Kreditinstitute

[54] Vgl. (Wanka und Otzelberger 2012), S. 6

hat sich der Wettbewerbsdruck auf regionale Banken und Sparkassen spürbar erhöht. Hinzu kommt, dass die Gesellschaft wesentlich mobiler geworden ist. Dies ist darauf zurückzuführen, dass Wohnen und Arbeiten räumlich immer mehr auseinanderfällt. So stieg die Quote der Pendler unter den sozialversicherungspflichtig Beschäftigten in Stuttgart allein zwischen den Jahren 2000 und 2009 um knapp fünf Prozent auf einen Wert von 61,01 Prozent.[55] Dabei ist nicht nur die Zahl der Erwerbstätigen zunehmend, deren Arbeitsort außerhalb ihres Wohnorts liegt. Auch die durchschnittlichen Entfernungen zwischen Arbeits- und Wohnort nehmen kontinuierlich zu.[56] So gaben 357000 Erwerbstätige im Rahmen des Mikrozensus 2004 an, »ihren Arbeitsplatz überwiegend von ihrer Zweitwohnung aus aufzusuchen. Das waren 12 Prozent mehr als im April 1996«.[57] Diese hohe Mobilitätsrate erschwert es regionalen Kreditinstituten, emotionalen Kontakt zu ihren Kunden aufrechtzuhalten. Dies trifft in besonderem Maße auf vermögende Privatkunden zu, denn: »Männer und Frauen in Führungspositionen nehmen am häufigsten längere Arbeitswege in Kauf.«[58]

Zusammenfassend kann man also feststellen, dass sich auch für Sparkassen und regionale Banken die Wettbewerbsbedingungen zunehmend schwieriger gestalten und einem permanenten Wandel unterliegen. Dies ist auf ein wachsendes Leistungsangebot ebenso zurückzuführen wie auf einen hohen Sättigungsgrad und steigende Preissensibilität auf Kundenseite[59]. Vor allem aber hat die scheinbare Austauschbarkeit

55 Vgl. (Landeshauptstadt Stuttgart, 20 10)
56 Vgl. (Schellenberger & Hesse, 2008, S. 30)
57 (Statistisches Bundesamt, 2005, S. 61)
58 Vgl. (Statistisches Bundesamt, 2005, S. 68)
59 Vgl. (Thum & Semmler, Kundenwert in Banken und Sparkassen,

des jeweiligen Finanzdienstleisters als Marke zu einer Schwächung der Kundenbindung geführt. »Dabei hatten und haben die klassischen Marktteilnehmer den Weg bereits geebnet, indem sie ihre Kunden zu immer mehr Selbstständigkeit erzogen und die Gruppe der modernen, informierten, selbstständigen und preissensiblen Kunden entwickelt haben.«[60] Der bisherige, über Jahrzehnte praktizierte Produktwettbewerb wurde um eine neue Komponente, den Kommunikationswettbewerb, ergänzt. Kreditinstitute »sehen sich somit mehr denn je mit der Aufgabe konfrontiert, durch den professionellen Einsatz des kommunikationspolitischen Instrumentariums die Aufmerksamkeit ihrer Zielgruppen zu erlangen und von diesen differenziert wahrgenommen zu werden, um Präferenzen für die eigenen Produkte und Dienstleistungen zu erzeugen«.[61] »Öffentlichkeitsarbeit für Banken und Sparkassen wird unter diesen Bedingungen schwieriger und aufwendiger, aber auch bedeutsamer denn je zuvor.«[62] Denn dauerhafter Unternehmenserfolg ist in unserer von Medien geprägten Zeit nur bei entsprechender Akzeptanz in der Öffentlichkeit zu sichern.[63]

3.3 In vier Schritten zum Erfolg

Grundsätzlich stellt eine Stiftungsgründung für die den Kunden betreuende Sparkasse oder Bank nur ein Produkt dar – wenngleich ein ganz besonderes. Dieses muss nicht

2003, S. 14 f)

60 (Thum & Semmler, Kundenwert in Banken und Sparkassen, 2003, S. 15)

61 (Bruhn, Integrierte Unternehmens- und Markenkommunikation, 2009, 5. Auflage, S. 1)

62 Vgl. (Cremer, 1995, S. 6)

63 (Beger, Gärtner, & Mathes, 1989, S. 7)

nur erfolgreich in den Markt eingeführt, sondern aufgrund der geringen Ausdehnung seiner Zielgruppe ständig im Bewusstsein gehalten werden. Sowohl im Bewusstsein der Kunden als potenzielle Stifter als auch in den Köpfen der Mitarbeiter. Im Wesentlichen lassen sich dabei vier Komponenten identifizieren, die für den Erfolg des Stiftungsgeschäfts in regionalen Kreditinstituten ausschlaggebend sind.

3.3.1 Die Mitarbeiter als Stiftungs-Stifter

Erfolgsgarant der regionalen Banken sind traditionell die Mitarbeiter. In Bezug auf den Geschäftsbereich Stiftung trifft dies in besonderem Maße zu. Anders als in der klassischen Kundenberatung ist hier jedoch nicht die fachliche Qualität des Bankmitarbeiters ausschlaggebend, sondern weiche Faktoren wie persönliche Bindung, Nähe und Vertrauen. Neben den Betreuern vermögender Privat- und Geschäftskunden, die traditionell am ehesten für eine Stiftung in Betracht gezogen werden, sollten deshalb alle Mitarbeiter in die Stiftungsbemühungen einbezogen werden. Jeder Mitarbeiter, auch wenn er im Stab tätig ist, verfügt über zahlreiche Sozialkontakte und kann als Multiplikator für eine gute Sache fungieren. Hinzukommt, dass zahlreiche Mitarbeiter ohnehin ehrenamtlich in Führungsgremien von Kommunen, Organisationen und Vereinen tätig sind, also das Ohr am Puls potenzieller Begünstigter haben.

Wie bereits erwähnt, hat der Wettbewerb im Finanzsektor in den letzten Jahren kontinuierlich zugenommen. Sowohl zwischen den klassischen Universalbanken untereinander als auch zwischen Universalbanken und Spezialanbietern. »Diese haben es bislang geschafft, sich aufgrund ihrer zielgruppenspezifischen Kernkompetenz konsequenter auf die

Bedürfnisse ihrer Zielgruppe auszurichten.«[64] Diese direkte Ausrichtung an einer klar definierten Kundengruppe ermöglichte Spezialanbietern die Bearbeitung des Markts mit einer schlanken Produktpalette, was mit vergleichsweise geringen Organisationskosten zu einem weiteren Wettbewerbsvorteil führte. Dem wurde in den letzten Jahren in den meisten regionalen Kreditinstituten mit einer Kundensegmentierung begegnet. Die Idee dahinter: Mithilfe der Marktsegmentierung können verschiedene Kundentypen identifiziert und mit maßgeschneiderten Angeboten sowie einem zielgruppenkonformen Kommunikationsmix effizient erreicht werden.[65] Für die Kundensegmentierung sind in der Praxis unzählige unterschiedliche Modelle im Einsatz. Gemeinhin werden Nachfrager hinsichtlich ihrer Nutzungsbedürfnisse, ihrer Präferenzen und den zur Verfügung stehenden finanziellen Mitteln unterschieden.[66] Durch eine möglichst zielgruppenspezifische Ansprache kann die Akzeptanzbereitschaft des Kunden erhöht werden. Gleichzeitig ermöglicht sie auch in Sparkassen und Genossenschaftsbanken »den sinnvollen Einsatz einer bedarfsorientierten, strukturierten und schlanken Produktpalette«[67].

Aus Sicht der Marktmitarbeiter, aber auch der Betriebsorganisation, die aus Kostengründen zu Recht an einer schlanken Produktpalette interessiert ist, kann die Einführung der Stiftungsberatung diesem Ziel entgegenstehen. »Heutzutage genügt es nicht mehr, wenn Manager und Führungspersön-

64 (Thum & Semmler, Kundenwert in Banken und Sparkassen, 2003, S. 75)

65 Vgl. (Kühlmann, Käßer-Pawelka, Wengert, & Kurtenbach, 2002, S. 276 f)

66 Vgl. (Kühlmann, Käßer-Pawelka, Wengert, & Kurtenbach, 2002, S. 119)

67 (Thum & Semmler, Kundenwert in Banken und Sparkassen, 2003, S. 210 f)

lichkeiten lediglich aufgrund ihrer Position oder ihrer hohen Stellung in der Unternehmenshierarchie Entscheidungen treffen oder Anweisungen geben. Vielmehr müssen sie ihre Mitarbeiter dafür gewinnen, zu kooperieren und sich zu engagieren, damit diese ihre Aufgaben möglichst effizient und effektiv erfüllen können.«[68] Marktmitarbeiter, die nicht in der Beratung vermögender Kunden tätig sind, stellen sich in diesem Zusammenhang nicht selten die Frage, warum sie sich mit einem Produkt befassen sollen, das für die von ihnen betreuten Kunden aus finanziellen Gründen nicht infrage kommt. Stabmitarbeiter gehen daneben häufig davon aus, dass die Kundenberater geeignete Kunden bereits identifiziert haben und deshalb nicht auf Tippgeber angewiesen sind. Diese durchaus nachvollziehbare Skepsis gegenüber der Dienstleistung Stiftungsberatung kann die erfolgreiche Etablierung dieses Geschäftsfelds enorm erschweren, kann aber durch bewusste und gezielte interne Kommunikation vermieden werden. Grundsätzlich gilt: »Je besser die Ziele und Interessen der Unternehmung verstanden und akzeptiert werden, umso eher werden sich Mitarbeiter für ›ihr‹ Unternehmen […] einsetzen.«[69]

Das Besondere bei der Markteinführung eines Stiftungsangebots liegt darin begründet, dass unterschiedliche, sonst nicht automatisch eng miteinander verbundene Unternehmensbereiche Hand in Hand arbeiten und Bank- und Sparkassenmitarbeiter, die sonst nur mit einzelnen Kunden kommunizieren, auf Grund ihrer Stiftungstätigkeit ins Licht der Öffentlichkeit geraten. Komplexer wird dies zudem, wenn die beteiligten Fachbereiche sonst einen unterschiedlichen Kommunikationsstil pflegen.

[68] (Dilts, 1998, S. 62)
[69] (Armbrecht, 1992, S. 215)

Der Erfolg der Markteinführung eines Stiftungsangebots hängt deshalb nicht allein von der Effizienz des Projektmanagements ab. Von zentraler Bedeutung ist hier das Kommunikationskonzept. Denn nur wenn es gelingt die unterschiedlichen Steakholder zu begeistern, kann das Unterfangen langfristig erfolgreich sein. Die erste Zielgruppe sind dabei die Mitarbeiter im eigenen Haus. Denn können diese keinen Zusammenhang zwischen dem Stiftungsvorhaben und der Unternehmensstrategie feststellen, so halten sie das Projekt für unnötigen zusätzlichen Aufwand und lehnen es bewusst oder unbewusst ab.[70]

3.3.2 Kommunikationstheorie als Erfolgsfaktor

Die beschriebene Ausgangslage erfordert es, im Rahmen der Kommunikation Koordinationsprozesse zu entwickeln, die in den einzelnen Koordinationsbereichen die Zusammenarbeit der betroffenen Mitarbeitenden sicherstellen. Dies lässt sich vor allem durch eine verstärkte Teamorientierung erreichen.[71] Eine Einschätzung, die nicht überall sofort Unterstützung findet. Wurde Team- und Projektarbeit in den vergangenen Jahren doch exzessiv eingesetzt und erwies sich nur als mäßig produktiv. Unternehmensberater Herbert Schmidt, Inhaber der H.S.C. Consulting, führt dies auf eine unerwünschte Gruppenkultur zurück, wie sie in temporär zusammengestellten Projektgruppen jedoch häufig anzutreffen ist. »Viele sehen in dem Wort ›Team‹ eine Abkürzung von ›Toll, ein anderer macht's‹«, so Schmidt. Ursächlich dafür ist die Tatsache, dass Projekte häufig nicht aktiv gemanagt werden, sondern sich selbst überlassen bleiben.[72] Dabei

70 Vgl. (Thum & Reif, 2010, S. 696)
71 Vgl. (Bruhn & Ahlers, 2007, S. 670 ff)
72 Vgl. (Thum & Reif, 2010, S. 696)

werden, besonders mit wachsender Unternehmensgröße, formalisierte Abstimmungsroutinen und Koordinationshilfen benötigt.[73] Wichtigste Aufgabe eines teamorientierten, integrierten Kommunikationskonzepts muss es deshalb sein, den Teamaufbau sowie die Ablauforganisation zu institutionalisieren. Anschließend ist ein konkretes Ziel zu formulieren. Die Erreichung dieses Ziels kann dann über ebenfalls klar zu definierende Teilaufgaben erreicht werden.[74] Gelingt dies, so profitiert das Stiftungsprojekt von kooperativer Interaktion sonst isoliert agierender Spezialisten, und sämtliche involvierte Personen fühlen sich als aktives Mitglied. Besonders ist in diesem Zusammenhang festzustellen, dass die auf diese Weise entstehenden Kontakte auch über die Projektarbeit hinaus positive Synergien erzeugen. Denn das im Projekt wachsende Vertrauen wirkt in den normalen Arbeitsalltag hinein und weckt bei Mitarbeitern Verständnis für die Arbeits- und Denkweise in anderen Unternehmensbereichen.

3.3.3 Erfolgsfaktor Führungskraft

In Projektgruppen sind die üblicherweise gültigen Hierarchien außer Kraft gesetzt. Die Gleichberechtigung sorgt bei den Teilnehmern für hohe Motivation und schafft Raum, um neue Wege außerhalb der tradierten Denkmuster zu gehen. Um diese positiven Aspekte nicht zu minimieren, sollten Führungskräfte nicht zu enge Vorgaben an eine Projektgruppe geben. Sind Führungskräfte selbst im Team engagiert, so sollten sie sich möglichst passiv verhalten.[75] Trotz-

[73] Vgl. (Bruhn, 2009, S. 259)

[74] Ebd.

[75] Vgl. (Bruhn, Integrierte Unternehmens- und Markenkommunikation, 2009, 5. Auflage, S. 260)

dem kommt ihnen eine Schlüsselfunktion zu: Sie müssen bei der Installation eines Projekts das Ziel so skizzieren, dass es den hinzugezogenen Spezialisten erstrebenswert erscheint.

Wie bei jedem Projekt, so steht auch bei der Vorbereitung des Geschäftsfelds Stiftung am Anfang eine Vision. Die Vision, den eigenen Kunden die Möglichkeit zu bieten, langfristig, sogar über den Tod, hinaus Gutes zu tun für die Menschen innerhalb des eigenen Geschäftsgebiets. Diese Vision ist aus kommunikativer Sicht jedoch gleich doppelt problematisch. Zum einen ist das anvisierte Ziel, ›Gutes tun‹, allgemein, abstrakt und damit nichtssagend. Zum anderen liegen die möglichen gemeinnützigen Taten in ferner Zukunft. Im ersten Schritt sollte deshalb jede Führungskraft sich selbst ausmalen, was über die von der eigenen Sparkasse oder Bank betreuten Stiftungen konkret erreicht werden könnte. Dabei spielt es keine Rolle, ob man sich vorstellt, wie das eigene Kind in der Schulpause mit von Stiftungsgeldern angeschafftem Spielzeug spielt, ob eine Steinfigur an der Fassade der örtlichen Kirche dank Mitteln aus der Stiftung vor dem Verfall bewahrt werden kann oder ob ein wenig bemittelter Abiturient ein hervorragendes Studium absolvieren kann, weil ihm die Stiftung mit einem Stipendium finanziell unter die Arme greift. Entscheidend ist, dass es ein klares, simples Bild ist. Dies wird den jeweiligen Führungskräften helfen, ihr persönliches Gefühl von dieser Vision zu festigen, zu erinnern und anderen diese Vision zu vermitteln.[76]

3.3.4 Erfolgsfaktor Stiftungsbeauftragter

Vergleicht man die Organigramme unterschiedlicher, vor allem regionaler Banken und Sparkassen, so fallen zwei Din-

[76] Vgl. (Dilts, 1998, S. 42)

ge auf: Die grobe Organisationsstruktur folgt einem ähnlichen Muster, im Detail ist jedes Haus jedoch anders aufgebaut. Entscheidet sich nun ein Kreditinstitut dazu, sich des Themas Stiftungsmanagement anzunehmen, so stellt sich automatisch die Frage, welches Ressort dafür verantwortlich sein soll. In der Praxis ist es inzwischen vorherrschende Meinung, dass es sich bei einer Stiftung um ein Angebot der Kapitalanlage handelt – weshalb das Thema in der Regel in der Vermögensbetreuung, dem Private Banking oder dem Bereich Wertpapierberatung angesiedelt wird. So wird das Geschäftsfeld Stiftung beispielsweise bei der Sparkasse Dortmund im »Privat Banking« betreut.[77] Bei der Stadt- und Kreissparkasse Rothenburg obliegt die Betreuung von Stiftern dem Vermögens-Anlage-Zentrum.[78] Da Stiftungen auch für Unternehmensnachfolgelösungen attraktiv sein können und Unternehmer gerne auch als Mäzene auftreten, kann eine Ansiedelung des Stiftungsmanagements im Bereich Firmen- und Gewerbekunden ebenfalls zielführend sein. Seit dem Jahr 2010 wird diese Lösung beispielsweise in der Sparkasse Offenburg/Ortenau erfolgreich umgesetzt.[79]

Allen Stiftungsbeauftragten ist gemein, dass sie aus dem Marktfeld Anlageberatung stammen. Eine wichtige Eigenschaft, denn im Vorfeld einer Stiftung oder Zustiftung ist eine umfangreiche Beratungsphase notwendig. Dabei gilt: Jedes Stiftungsprojekt ist individuell und wirft umfangreiche, qualifizierte Themenstellungen auf. Berater, die nur selten und unregelmäßig mit diesem Themenfeld konfrontiert sind, können das dafür notwendige Know-how nicht vorhalten. Für alle Mitarbeiter, aber auch für externe Mul-

77 Vgl. (PrivatBanking GmbH, 20 12) und (Sparkasse Dortmund, 20 12)
78 Vgl. (Hirschberg & Düll, 20 10), S. 14
79 Vgl. (Sparkasse Offenburg/Ortenau, 20 10)

tiplikatoren ist es deshalb wichtig, nach der Identifizierung eines potenziellen Stifters eine qualifizierte Überleitung an einen spezialisierten Berater durchführen zu können. Dieser sollte neben einem umfangreichen Fachwissen über hohe Beratungskompetenz verfügen.

Bei kleineren und mittleren Banken und Sparkassen sowie in der Startphase auch bei größeren Instituten dürfte das Geschäftsfeld nicht ausreichend groß genug sein, um einen Berater voll auszulasten. Dies bedingt, dass der Stiftungsbeauftragte noch andere Zielvorgaben zu erfüllen hat. Vor diesem Hintergrund ist zu beachten, dass Ziele für unterschiedliche Menschen entsprechend ihrer individuellen Wahrnehmung mehr oder weniger wertvoll sein können.[80] Deshalb ist es wichtig, einen Stiftungsbeauftragten zu wählen, der sowohl über die Beratungskompetenz verfügt als auch über persönliches Interesse an bürgerschaftlichem Engagement und Freude an neuen Herausforderungen. Andernfalls wird die beauftragte Person ihre Arbeitskraft und ihr Engagement für die vermeintlich leichter zu erfüllenden und damit attraktiver erscheinenden Ziele einsetzen.[81] Es ist deshalb ratsam, eine erfolgsmotivierte Persönlichkeit mit der Einführung und Betreuung des Stiftungsmanagements zu betrauen. Erfolgsmotiviert strukturierte Mitarbeiter verfolgen aus eigenem Antrieb das Ziel, ihre Tüchtigkeit durch das Aneignen neuer Kompetenzen stetig unter Beweis zu stellen.[82] Dies ist besonders bedeutend, da sich der Erfolg – also der Abschluss einer Stiftungsgründung – im Vergleich zu anderen banküblichen Zielen erst sehr spät einstellt. Es gilt also, das Ziel Stiftungsmanagement auch bei auftauchenden

80 Vgl. (Heckhausen & Heckhausen, 20 10, 4. Auflage), S. 288
81 Vgl. Dies., S. 289
82 Vgl. Dies., S. 183.

Hindernissen oder Misserfolgen über einen längeren Zeitraum motiviert zu verfolgen. Diese Motivation kann durch die Vereinbarung einer starken Zielbindung gefördert werden.[83] Dabei sind erreichbare Teilziele zu definieren.

Auch wenn es gelungen ist, einen geeigneten Stiftungsbeauftragten zu finden und für seine neue Aufgabe zu begeistern – als Einzelkämpfer wird er auf verlorenem Posten stehen. Dies liegt an der Komplexität des Geschäftsfelds Stiftungsmanagement. Es lässt sich nur dann zum Erfolg führen, wenn es über ein Netzwerk in alle wichtigen Fachbereiche einer Bank oder Sparkasse eingebunden wird. Beispielsweise lässt sich der hohe Kommunikationsbedarf nur in Zusammenarbeit mit der entsprechenden Fachabteilung stemmen. Ebenso gelingt es nur, alle Mitarbeiter zu Stiftungsbotschaftern zu machen und über sie Stiftungsgeschäft anzubahnen, wenn diese Aufgabe entsprechend in die Vertriebsstruktur eingebunden wird.

3.4 Die Stiftung im Vertrieb

Grundsätzlich gilt, dass die Mehrheit der Bankkunden nicht mehr in der Lage ist, die »umfangreichen, sehr komplexen und mit juristischen und kreditwirtschaftlichen Fachtermini gespickten Vertragswerke und Korrespondenzen zu verstehen.«[84] Eine Aussage, die sich in der Praxis bereits bei relativ einfachen Bankgeschäften beobachten lässt. In ganz besonderem Maße gilt diese Problematik für komplexe Anlageentscheidungen, wie sie im Rahmen der Nachlassregelung

83 Dies., S. 183
84 (Thum & Semmler, Kundenwert in Banken und Sparkassen, 2003, S. 197)

und der Stiftungsvorbereitung zu treffen sind. Erschwerend kommt hinzu, dass hier in der Regel auch Steuerberater, Anwälte und Notare hinzugezogen werden, die nicht üblicherweise auf Stiftungsgründungen spezialisiert sind beziehungsweise eigene Vermögensübertragungsmodelle präferieren.

Ausschlaggebend für den Erfolg eines Stiftungsmanagements unter dem Dach einer Sparkasse oder Bank ist deshalb die vertriebliche Integration in das primäre Beratungs- und Betreuungskonzept.

3.4.1 Im Fokus: Stifter als Zielgruppe

Wie bei allen anderen Bankprodukten gibt es auch für das Stiftungsangebot eine bestimmte Zielgruppe: die stiftungsaffinen Kunden. Diese zu identifizieren, stellt Vertriebssteuerer und Controller jedoch regelmäßig vor große Probleme. Dies ist damit zu erklären, dass die üblichen Selektionsmuster hier nicht greifen, wie die große Homogenität der bisherigen Stiftungsgründer zeigt. Die Gewinnung von Stiftern kann deshalb nicht allein Aufgabe einiger speziell ausgebildeter Zielgruppenberater, etwa in der Vermögensbetreuung, sein. Vielmehr ist, wie später noch ausführlich behandelt wird, eine Einbindung sämtlicher Vertriebseinheiten notwendig. Trotzdem ist es, gerade kurz nach Einrichtung des Stiftungsmanagements als neuem Geschäftsfeld, hilfreich, das neue Engagement im Rahmen von Direktmarketingmaßnahmen bekannt zu machen. Wie bereits geschildert, ist die Identifizierung potenzieller Stifter alles andere als trivial. Nichtsdestotrotz haben sich einige Kriterien zur Bestimmung eines vorläufigen Kundensegments »Stifter« bewährt.

Stiften bedeutet, Kapital auf Dauer für einen bestimmten Zweck zur Verfügung zu stellen. Ein erster Anhaltspunkt kann deshalb die Betrachtung der Kundenvermögen sein.

Besonders geeignet erscheinen nach bisherigen Erfahrungen Kunden, die ein frei verfügbares Vermögen von 100 000 Euro aufweisen. Wobei dem Merkmal »verfügbar« hier besondere Bedeutung zukommt. Langfristig gebundenes Vermögen, etwa Immobilien oder ein Gewerbebetrieb, lassen sich kurz- oder mittelfristig nicht für eine Stiftungsgründung nutzbar machen – und sollten deshalb erst in späteren Kampagnen im Fokus stehen.

Ebenfalls für eine Definition der Zielgruppe »Stifter« herangezogen werden kann das Alter. Gleichwohl Stiftungen bereits zu Lebzeiten errichtet werden können und dem Stifter sofort attraktive Vorteile bieten, wird das Thema zumeist erst im Zuge einer Nachlassregelung interessant. Obwohl die Lebenserwartung der Bundesbürger in den letzten Jahrzehnten kontinuierlich angestiegen ist, gibt es einen Trend zur rechtzeitigen Nachlassregelung, häufig im Zusammenhang mit der Errichtung einer Patientenverfügung. Diese werden zum größten Teil im Alter von 45 bis 67 Jahren verfügt – also dann, wenn die Bürger konkrete Pläne zum Ausstieg aus dem Berufsleben entwickeln und endgültig die Weichen für einen sorglosen Lebensabend stellen wollen. Eine Bewerbung der Stiftungsvorteile in dieser Altersgruppe bietet deshalb gute Chancen und generiert zudem weitere Cross-Selling-Möglichkeiten.

Eine weitere Selektionsbasis zur Identifizierung von Personen mit hoher Stiftungsaffinität stellt das soziale Engagement dar. Häufig können Vereine, Initiativen und Projekte nur Dank privater Geldgeber existieren. Gelingt es, diesen Menschen zu vermitteln, dass sie mit einer Stiftung auch über das eigene Lebensende hinaus für ihr Anliegen sorgen können, bestehen große Chancen für Stiftungsgründungen – vor allem im Rahmen einer Stiftungsgemeinschaft. Allerdings sind diese Geldgeber zumeist öffentlichkeitsscheu und bleiben gerne im

Hintergrund. Deshalb sollten gemeinnützig engagierte Menschen, beispielsweise Vereinsvorstände, Schatzmeister, Pfarrer etc., ebenfalls von Beginn an in das Stiftungsmarketing eingebunden werden – auch wenn diese selbst aufgrund der beiden zuerst genannten Kriterien selbst nicht als Stifter in Frage kommen. Sie können als Multiplikatoren effektiv wirken.

Bei der Identifikation bereits als Sponsoren oder Spender aktiver Mäzene ist es hilfreich, konkrete Informationen über alle Vereine oder Organisationen im Geschäftsgebiet auswerten zu können. Diese lassen sich über Marketing- oder Kommunikationsabteilungen gewinnen, wenn diese über eine adäquate Datenbank verfügen. Dies ist derzeit aus organisatorischen oder finanziellen Gründen nicht in allen Banken und Sparkassen der Fall. Eine interessante Lösung hierfür stellt die vom Deutschen Sparkassenverlag (DSV) entwickelte Datenbank »Soziales Engagement« dar. Die unter Federführung der Sparkasse Zollernalb entwickelte Software ermöglicht nicht nur die Verwaltung von Vereinsdaten. Zentral kann hier im Rahmen einer elektronischen Vereinsakte die gesamte Korrespondenz mit einem Verein abgelegt und unterschiedlichen Benutzern zugänglich gemacht werden.[85] Dies ermöglicht eine unbürokratische Verknüpfung aller beteiligten Abteilungen. Da sich in der Datenbank auch Mustertexte für Korrespondenz sowie Förderkriterien hinterlegen lassen, ist die Datenbank »Soziales Engagement« auch in der späteren praktischen Stiftungsarbeit, etwa bei der Vergabe von Ausschüttungen, eine effiziente Unterstützung. Ein weiterer Vorteil der Datenbank liegt in der technischen Umgebung: Die Software steht auf allen Lotus Domino/Notes Servern ab Version 7 zur Verfügung.

85 Vgl. (Hirmer, 2012)

Dies macht den Einsatz grundsätzlich auch außerhalb der Sparkassen-Finanzgruppe attraktiv, zumal sich die Preisgestaltung für das System an der Größe der einsetzenden Institution orientiert.[86]

3.4.2 Visionen stiften – Vertriebler überzeugen

Eine Stiftung ist eine auf Dauer angelegte Einrichtung. Für die Begünstigten ist dies ein Segen, profitieren sie doch zeitlich nahezu unbegrenzt vom Stiftungsvermögen. Allerdings bedeutet dies zugleich, dass sich die positive Wirkung einer Stiftung – in besonderem Maße, wenn sie erst nach dem Ableben des Gründers mit Kapital ausgestattet wird – erst in weiterer Zukunft entfaltet. Erfolg für das Stiftungsmanagement stellt sich deshalb dann ein, wenn es selbst der erste Stifter ist. Gemeint ist hier jedoch kein monetärer Einsatz. Vielmehr muss es gelingen, den an einer Stiftungsbegründung beteiligten Akteuren Visionen zu stiften. Bei potenziellen Stiftern ist dies in der Regel relativ einfach. In deren Köpfen gilt es Bilder dessen wachzurufen, was mit ihrem Geld in naher oder ferner Zukunft Gutes getan werden kann.

Ungleich schwerer ist es, Kundenberater in Banken und Sparkassen für das Stiftungsprojekt zu begeistern. Und gerade dies muss der erste Schritt sein. Denn nur wenn Berater von der Idee, gemeinsam mit ihren oft über Jahrzehnte hinweg betreuten Kunden eine Stiftung auf den Weg zu bringen, überzeugt sind, werden sie den Kunden darauf ansprechen und auf die Kompetenz im Hause aufmerksam machen. In der Praxis hat sich gezeigt, dass häufig genau hier – am Point of Sale – die größten Schwierigkeiten auftreten. Ursächlich hierfür sind vor allem zwei meist aufeinander

86 Vgl. (Deutscher Sparkassen Verlag GmbH, 2012), S. 11

aufbauende Punkte. Ein Aspekt ist dabei mangelnde interne Kommunikation. Es kann nicht automatisch davon ausgegangen werden, dass die langfristigen Vorteile einer Stiftung bei allen Betriebsangehörigen bekannt sind. Ein Aspekt, der aufgrund seiner zentralen Bedeutung im Kapitel »Stiftungskommunikation« noch näher behandelt wird.

Doch selbst wenn Kundenberater von den Vorteilen einer Stiftung überzeugt sind, gelingt es nicht immer, sie zur Anbahnung von Stiftungen zu motivieren. Grund hierfür kann eine schlechte Einbindung des Stiftungsengagements in die bankinterne Zielplanung sein. Sparkassen und Genossenschaftsbanken verstehen sich traditionell als gestaltende Wirtschaftskraft in der Region. Sie sind als Spender und Sponsoren gemeinnütziger Projekte und Organisationen etabliert – ein Image, zu dem die Betreuung von Stiftungen eine ideale Ergänzung darstellt. Neben den offensichtlichen positiven Effekten für die Öffentlichkeitsarbeit wird die betriebswirtschaftliche Bedeutung des Geschäftsfelds Stiftung häufig unterschätzt. Fakt ist jedoch: Noch nie wurde so viel Vermögen vererbt wie jetzt. Obwohl die Freibeträge für Erbschaften deutlich erhöht wurden, stiegen die Einnahmen auf Grund der Erbschaftsteuer allein im Jahr 2010 um 16,4 Prozent auf zirka 3,4 Milliarden Euro.[87] Eine Entwicklung, die insbesondere regionale Kreditinstitute vor eine große Herausforderung stellt. Durch Todesfälle werden sie immer mehr ihrer über Jahrzehnte hinweg aufgebauten Top-Kunden verlieren. Dies belegt eine 2012 im Auftrag der Postbank durchgeführte Studie des Instituts für Demoskopie Allensbach. So ermittelten die Demografen, dass künftig 22 Prozent der Erbschaften

87 Vgl. (dpa, 20 12)

einen Wert von mindestens 100000 Euro haben.[88] Dies betrifft besonders beruflich erfolgreiche Menschen und damit die vermögenden Privatkunden. Denn wer beruflich vorankommen will, der muss heute vor allem flexibel sein. Dies zieht häufiger als früher Arbeitgeber- und Ortswechsel nach sich.[89] Die Erben wohnen also zunehmend nicht mehr im räumlichen Umfeld ihres Elternhauses. Leben die Erben aber außerhalb des Geschäftsgebiets einer regionalen Bank, so läuft diese Gefahr, die Betreuung des Vermögens mit dem Übergang auf die nächste Generation zu verlieren. Diese Generation ist zudem durch eine höhere Preissensibilität und sinkende Loyalität gegenüber ihrer Hausbank gekennzeichnet.[90] Somit droht sogar der Verlust des betreuten Vermögens für die gesamte Bankengruppe.

Aus diesem Grund stellt das Geschäftsfeld Stiftung gerade für regionale Banken ein attraktives Kundenbindungsinstrument dar. Erlaubt es doch, Vermögen, zumindest zu Teilen, auf Dauer an das jeweilige Haus zu binden. Trotzdem wird häufig übersehen, dieses Geschäftsfeld in die Zielplanung von Banken und Sparkassen zu übernehmen. Dies stellt Kundenberater und Vermögensbetreuer vor ein Dilemma. Überführen sie Kundenvermögen, vielleicht sogar schon zu Lebzeiten eines ertragsstarken Geschäftspartners, in eine Stiftung, leisten sie einen wertvollen Beitrag zur langfristigen Sicherung von Erträgen – verlieren gleichzeitig aber selbst Kundenvermögen, das zur eigenen Zielerreichung beitragen kann. Diesem Problem kann mit einer gezielten Vertriebssteuerung entgegengewirkt werden. Dafür eignen sich grundsätzlich zwei Modelle.

Eine Möglichkeit besteht darin, das Geschäftsfeld Stif-

88 Vgl. (Institut für Demoskopie Allensbach, 20 12)
89 Vgl. (Tönnesmann, 2011)
90 Vgl. (Henkel, 2010)

tung mit einem direkten Vertriebsziel zu belegen – wie konventionelle Finanzprodukte, etwa geschlossene Fonds. Der Vorteil dieses Vorgehens besteht darin, dass die Durchführung bekannten Mustern folgt. Dies ermöglicht eine schnelle Umsetzung sowie ein transparentes Controlling. Für die betroffenen Berater entsteht dadurch jedoch ein gewisser Druck, sich mit dem Thema zu beschäftigen – auch wenn sie nicht davon überzeugt oder idealerweise begeistert sind. Dies kann gerade bei Einführung dieses neuen, sensiblen Geschäftsfelds zu einer negativen Grundstimmung führen, die sich später nur schwer verbessern lässt. Außerdem löst die direkte Zielvorgabe für Stiftungsgründungen nicht das Problem, dass Kundenberater ihr persönliches betreutes Vermögen reduzieren müssen – und deshalb mittelfristig Kundenpotenzial abgeben.

Vor diesem Hintergrund empfiehlt sich die indirekte Variante zur vertrieblichen Verankerung des Stiftungsgeschäfts. Sie basiert auf einem Deckungsbeitragsmodell. Dies stellt vor allem für Vertriebssteuerer in den Sparkassen und Banken eine Herausforderung dar, die noch keine Barwertsteuerung implementiert haben. Da es für die Ertragsberechnung von Stiftungsmodellen noch kein einheitliches, etabliertes Modell gibt, stellt die Bewertung auch für barwerterfahrene Controller eine gewisse Hürde dar. Die Systematik dabei ist jedoch trivial: Stiftungen unter dem Dach einer Sparkasse, Bank oder der Stiftergemeinschaft eines dieser Institute legen das Stiftungsvermögen in der Regel im eigenen Haus an. Mehr oder weniger detailliert lässt sich diesem Bestandsvermögen somit ein Ertragswert zurechnen. Dieser Ertrag kann dann, nach einem allgemein gültigen und durch das jeweilige Kreditinstitut individuell festzulegenden Schlüssel auf die jährlichen Ziele eines Beraters umgelegt werden. Bei der Berechnung der

Schlüsselzuweisungen sollte dabei Transparenz Priorität haben. Wichtig ist, dass die jeweiligen Kundenberater und Betreuer ihren individuellen Nutzen erkennen und nachvollziehen können. Eine plausible Größenordnung ist dafür ausreichend, es bedarf nicht unbedingt einer tatsächlichen bilanzgerechten Bewertung des Ertragserfolgs von Stiftungen. Auch hier gilt der durch den erfolgreichen Coach Herbert Schmidt geprägte Vertriebsgrundsatz: »Lieber ungefähr richtig als haargenau falsch.«[91]

3.4.3 Die Bürgerstiftung

Um Mitarbeiter für ein neues Produkt beziehungsweise Geschäftsfeld zu interessieren, bedarf es zügiger Erfolge. Stellen sich diese nicht ein, so entsteht in den Beratungseinheiten der Eindruck, das Produkt wird von Kunden sowieso nicht gewünscht – und deshalb gar nicht mehr angeboten. Die Folge: Das Projekt verläuft im Sand. Ein ähnliches Phänomen ist auf Kundenseite zu beobachten. Gelingt es nicht, das Gefühl zu vermitteln, eine Dienstleistung werde bereits von vielen in Anspruch genommen, so wird die Leistung auch dann nicht nachgefragt, wenn sie optimal zu den Zielen des einzelnen Kunden passt.

Um diesen zweiseitigen Herdentrieb positiv für das Stiftungsmanagement zu nutzen, bedarf es also einer offiziellen Legitimierung dieses Geschäftsfelds. Hier hat sich die Bürgerstiftung als wirkungsvolles Instrumentarium erwiesen. Dies ist im Wesentlichen auf zwei Vorteile zurückzuführen: Zum einen wird eine Bürgerstiftung in Zusammenarbeit mit oder durch eine Kommune errichtet. Als Stiftungsgründer treten häufig Bürgermeister, Stadt- und Gemeinderäte oder

[91] (Schmidt, im Juli 2005)

andere Mandatsträger in Erscheinung – anders als private Stifter sind diese gemeinhin bekannt. Zum anderen kann sich die Bank oder Sparkasse finanziell selbst an der Gründung beteiligen, also die Gründung einer Bürgerstiftung aktiv forcieren. Dabei ist eine Bürgerstiftung stets gemeinnützig.[92]

Für die finanzielle Beteiligung des initiierenden Kreditinstituts gibt es dabei unterschiedliche Konzepte, die im Folgenden vorgestellt werden. Handelt es sich bei dem beteiligten Kreditinstitut um eine Sparkasse, so ist auf eine ausreichende finanzielle Beteiligung der später begünstigten Kommune zu achten. Aus steuerlicher Sicht ist aktuell davon auszugehen, dass die Kommune selbst mindestens 50 Prozent des Gründungskapitals einbringen muss, um dem Anschein einer verdeckten Gewinnausschüttung vorzubeugen. Das gebräuchlichste Modell zur Einführung von Bürgerstiftungen ist bislang die »gesponserte Stiftung«, die unter 3.5.4.8 (ab S. 56) noch detailliert vorgestellt wird. Der Vorteil hierbei ist die klar kommunizierbare Unterstützung – allerdings besteht kaum die Möglichkeit, die unterschiedlichen Rahmenbedingungen verschiedener Kommunen in einem Geschäftsgebiet abzubilden.

Deshalb findet inzwischen auch ein einwohnerorientiertes Fördersystem Anwendung – etwa im Stiftungsmanagement der Vereinigten Sparkassen Stadt und Landkreis Ansbach. Hierbei wird den Kommunen anstelle eines einheitlichen Geldbetrags eine bestimmte Summe je Einwohner ausgelobt. In Ansbach entschied man sich für eine Summe von zwei Euro pro Einwohner je Gemeinde.[93] Große Gemeinden, die in der Regel auch einen höheren Bedarf an gemeinnützigen Angeboten haben, erhalten bei dieser Methode

[92] Vgl. Bundesverband Deutscher Stiftungen, 2000
[93] Vgl. Sparkassen im Landkreis Ansbach, Oktober 2012

also einen größeren Geldbetrag. Eine auf den ersten Blick sehr ausgewogene, transparente Lösung – die in der Praxis jedoch zwei Probleme aufwirft: Wie bereits erläutert, muss eine begünstigte Kommune selbst mindestens 50 Prozent des Gründungskapitals einbringen. Große Gemeinden haben bei einer an der Einwohnerzahl orientierten Starthilfe also einen höheren Eigenbeitrag zu leisten, was in Zeiten leerer öffentlicher Kassen eine gewisse Einstiegshürde bedeuten kann.

Damit die Bürgerstiftung vom Start weg vernünftig und öffentlichkeitswirksam agieren kann, ist ein Grundkapital von mindestens 10000 Euro notwendig. Orientiert sich das Gründungssponsoring der Sparkasse oder Bank an der Einwohnerzahl, dann werden kleine Gemeinden nur mit einem geringen Betrag gefördert – und stehen damit vor dem Problem, trotz eines relativ kleinen eigenen Haushalts einen hohen Eigenanteil aufbringen zu müssen.

Natürlich ist das Konzept zur finanziellen Unterstützung von Stiftungsgründungen von der budgetären Leistungsfähigkeit des jeweiligen Kreditinstituts abhängig und deshalb im Einzelfall zu prüfen. Jedoch ist eine Vermengung der unterschiedlichen Konzepte zu empfehlen, soll ein rascher Erfolg realisiert werden.

Denkbar ist hierbei die Kommunizierung einer festen Grundförderung von 5000 Euro je Bürgerstiftung. Auf diese Weise bleibt die finanzielle Beteiligung auch bei kleinen Gemeinden überschaubar. Größeren Kommunen kann eine höhere, an der Einwohnerzahl orientierte Förderung in Aussicht gestellt werden – stets jedoch unter der Voraussetzung, dass der Eigenanteil der Kommune bei mindestens 50 Prozent bleibt. Dies motiviert Gemeinden dazu, selbst eine hohe Einlage zu realisieren, um sich das Geld von der Bank oder Sparkasse zu sichern.

3.4.4 Die Grabstättenstiftung

Über den Rahmen einer Bürgerstiftung hinaus bietet sich noch ein weiteres Themenspektrum für eine enge Zusammenarbeit mit den regionalen Kommunen an: die Bestattungsvorsorge. Ein Thema, das aus Gründen der Pietät von Banken und Sparkassen in der Regel nicht besetzt wird, obwohl es in der Zielgruppe »50plus« eine hohe Relevanz besitzt. Ein strategischer Fehler, der auch bei institutstreuen Kunden für Wettbewerber Tür und Tor öffnen kann. Der Grund hierfür ist einfach: Sparkassen- und Bankberater kennen ihre Kunden zu gut. Allzu schnell wird deshalb im Kopf des Beraters entschieden, dass ein Kunde genügend Geld hat und deshalb keine Vorsorge für eine Bestattung treffen möchte – oder aber, dass der Kunde nicht genügend Geld hat, um sich dieses Themas anzunehmen. Dabei gibt es große Nachfrage in diesem Bereich, wie Vertriebserfolge von Sterbegeldversicherern eindrucksvoll belegen – gerade auch bei wohlhabenden Menschen. Diese schließen, häufig durch Vermittlung eines Bestattungsinstituts, Sterbegeldversicherungen bei Konzernen ab, zu denen vorher keine geschäftliche Beziehung bestand. Ein verständliches Handeln, versetzt man sich in die Lage der betreffenden Kunden. Sie wollen ihre Angehörigen gerade in der Trauerphase weitgehend entlasten. Eine Sterbegeldversicherung ist dazu ideal. Der beauftragte Bestatter kennt die Versicherungspolice, regelt die Auszahlung und Abrechnung. Der finanzielle Teil der Bestattung ist also bereits vor dem Ableben geregelt und Verwandte, Freunde und Bekannte können sich zu gegebener Zeit ganz auf die Trauer konzentrieren.

Nach der Errichtung der Grabstätte geht die Verantwortung aber immer noch auf die Familienangehörigen über. Sie müssen künftig für Pflege und Unterhalt der Grabstätte sorgen. Was früher eine ehrenvolle Aufgabe für nahe Verwandte war, wird heute in der Praxis jedoch schnell zur Bürde. Viele Menschen haben keinen großen Verwandtenkreis mehr oder die nächsten Angehörigen wohnen zu weit entfernt, als dass sie sich selbst und regelmäßig um ein Grab kümmern könnten. Dann müssen Landschaftsgärtner oder Bestattungsinstitute mit der Pflege beauftragt werden, was schnell hohe Kosten verursacht. Oft wollen Angehörige diese Kosten nicht tragen – oder sind dazu gar nicht in der Lage. Immer häufiger kommt es deshalb dazu, dass Gräber verwahrlosen und schließlich durch die öffentliche Hand abgeräumt und eingeebnet werden.[94] Eine traurige Facette des gesellschaftlichen Wandels, zeugen ungepflegte Gräber doch von wenig Respekt vor den Bestatteten und von wenig Rücksichtname gegenüber den Empfindungen anderer Friedhofsbenutzer.[95] Dieser Themenstellung lässt sich mit einer Stiftung unter dem Dach einer Stiftergemeinschaft wirkungsvoll begegnen. Wie bereits erwähnt, muss eine Stiftung oder eine nicht-selbstständige Stiftung unter dem Dach einer Stiftergemeinschaft ausschließlich und unmittelbar gemeinnützige, mildtätige oder kirchliche – also steuerbegünstigte – Zwecke verfolgen.[96] Es gibt jedoch auch über diese Zwecke hinausgehende, steuerlich unschädliche Betätigungen. Diese sind in § 58 der Abgabenordnung präzise definiert. Demnach darf eine Stiftung bis zu einem Drittel ihres Einkommens dazu verwenden, durch angemessene Grabpflege für ein ehrendes Gedenken an ihren Stifter zu sorgen.[97] Diese Regelung ermöglicht es, die Beisetzung über eine Bestattungsversicherung hinaus nachhaltig zu gestalten.

94 Vgl. (Schuh, 2010)
95 Vgl. (Wall, 2013)
96 Vgl. § 51.1. Aufgabenordnung
97 Vgl. § 58.6 Aufgabenordnung, gültig ab 01.01.2014

3.5 Integriert kommunizieren – Stiftung integrieren

Eine Stiftung beziehungsweise eine Stiftergemeinschaft ist gemeinhin eine gute Sache. Lenkt sie doch bürgerschaftliches Engagement in sinnvolle, nachhaltige Bahnen und entlastet nebenbei die öffentliche Hand von wichtigen, aber teuren Aufgaben. Deshalb wird die Stiftertätigkeit von Staats wegen gefordert und fiskal gefördert. Weil eine gute Sache lobenswert ist, gehen Stiftungsakteure schnell davon aus, dass sich die Öffentlichkeit für ihre Tätigkeit interessiert, dass ihr Wirken Tagesgespräch ist und kleinste Spenden für lokale Medien relevant wirken. Dies ist jedoch ein Trugschluss. Unzählige gemeinnützige Angebote buhlen inzwischen um Aufmerksamkeit und – damit einhergehend – um andauernde finanzielle oder ideologische Unterstützung. Selbst wenn es durch mediengerechte Inszenierung gelingt, für die Begründung einer Stiftergemeinschaft oder Stiftung umfangreiche Berichterstattung zu generieren, so nimmt das Interesse in der Regel schnell wieder ab. Denn das Publikum, als dessen Stellvertreter die Presse betrachtet werden darf, erwartet immer wieder Neues. Doch, so erklärt der frühere VW-Kommunikationsvorstand Klaus Kocks: »Wer *neu* sein will, muss Neuigkeiten produzieren wie der Hamster im Laufrad.«[98]

Die Kommunikationsarbeit für eine Stiftung oder Stiftergemeinschaft ist deshalb nichts, was sich nebenbei von selbst ergibt – sie stellt eine Kernkompetenz des Stiftungsmanagements dar. Denn nur wenn es gelingt, die Aktivitäten erlebbar zu machen und die Möglichkeit einer Stiftung oder Zustiftung in die Köpfe der Menschen zu tragen, wird sich auf Dauer neues Stiftungsvermögen generieren lassen. Im

[98] (Kocks, 2001), S. 121

Folgenden werden alle relevanten Kommunikationskanäle und die jeweiligen Chancen aufgezeigt. Natürlich muss nicht immer alles umgesetzt werden. Vielmehr dient dieser Baukasten als Anregung und ermöglicht es, die individuell besten Maßnahmen zu identifizieren. Eines aber gilt generell: Kommunikation betreibt sich nicht von alleine. Jede Stiftungsorganisation muss deshalb Sorge dafür tragen, dass die Verantwortung für Marketing, Kommunikation und Werbung klar delegiert ist – und die Verantwortung von den betreffenden Personen auch angenommen wird.

3.5.1 Stiftung und Presse

Von Sparkassen und regionalen Banken initiierte Stiftungsaktivität hat in der Regel regionale Ausrichtung. Deshalb richtet sich die Pressearbeit üblicherweise an der lokalen Presse aus. Naturgemäß sieht die Zusammenarbeit deshalb überall sehr differenziert aus und richtet sich nach der ohnehin bestehenden Intensität der Zusammenarbeit des tragenden Geldinstituts mit den örtlichen Medienhäusern. Gleichwohl gibt es Aspekte, die grundsätzlich berücksichtigt werden sollten.

3.5.1.1 Redaktionelle Berichterstattung

Verdeutlicht man sich, dass heute immerhin 51 Prozent der Einnahmen eines regionalen Zeitungsverlags aus Inseraten stammen[99] wird klar, dass Verleger genau darauf achten, ob Unternehmen durch PR-Maßnahmen versuchen, bezahlte Anzeigen einzusparen. Auch wenn eine Verknüpfung redaktioneller Berichterstattung mit der Buchung von Inseraten in Deutschland grundsätzlich verboten ist, so kann davon ausgegangen werden, dass es einen gewissen emotionalen Zusam-

[99] Vgl. (Bundesverband Deutscher Zeitungsverleger, 2009), S. 6

menhang gibt. Exemplarisch bedeutet dies: Wünscht man sich die redaktionelle Begleitung einer Veranstaltung, empfiehlt es sich im Vorfeld per bezahlter Anzeige dazu einzuladen. Falsch ist die Erwartungshaltung, dass es die Pflicht der Presse ist, für eine gemeinnützige, gute Einrichtung kostenlos durch Berichterstattung zu werben. Aus wirtschaftlichen Gründen kann dieser Anforderung heute keine Redaktion nachkommen. Schließlich ist es der Zweck eines Medienunternehmens, für den oder die Eigentümer Gewinn zu erwirtschaften.[100]

Wirtschaftliche Überlegungen waren es schließlich auch, die in vielen Redaktionen – so wie es auch in anderen Branchen zu beobachten ist – dazu geführt haben, dass Personal abgebaut wurde. Deshalb sollten Pressevertreter nur zu wirklich relevanten Themen eingeladen werden. Erfolgreich wird Stiftungskommunikation dann, wenn sie auf einer vertrauensvollen Zusammenarbeit mit den örtlichen Redaktionen beruht. Dazu gehört es, Journalisten auf wichtige Trends aufmerksam zu machen und sie von weniger brisanten Themen zu entlasten. Oftmals ist die Berichterstattung über kleinere Spendenübergaben und Gremiensitzungen ausführlicher, wenn seitens der Stiftung ein kompletter, ohne große Bearbeitung verwendbarer Pressetext für die Redaktionen bereitgestellt wird. Zudem steigt die Attraktivität eines redaktionellen Angebots an Printmedien, wenn ein Beitrag durch ansprechendes Bildmaterial angereichert wird. Hierbei muss jedoch darauf geachtet werden, dass es zu keiner Verletzung des Persönlichkeitsrechts von abgelichteten Personen kommt. Bei der Verbreitung von Sachaufnahmen – dazu zählen beispielsweise Landschaftsfotografien, aber auch Häuser und Tiere[101] – gibt es kaum Einschränkungen, sofern diese von öffentlichen Ver-

[100] Vgl. (Enz, Der Einfluss der regionalen Tageszeitung auf den kommunalen Wahlkampf, 20 10), S. 62
[101] Vgl. (Bahr, 2011), S. 4

kehrswegen einzusehen sind. Anders verhält es sich, sobald Personen im Bild festgehalten werden. Dies liegt daran, dass abgebildeten Personen das Recht am eigenen Bild zusteht. »Bildnisse dürfen nur mit Einwilligung des Abgebildeten verbreitet oder öffentlich zur Schau gestellt werden.«[102] Ein wenig großzügiger stellt sich die Situation bei Prominenten dar, zu denen man auch kommunale Politiker oder Vereinsvorstände zählen kann. Hier gibt es richterliche Entscheidungen, etwa durch das OLG Hamburg, die das Ablichten von solchen Personen des öffentlichen Lebens und deren ständigen Begleitern – anders als Privatpersonen – an öffentlichen Plätzen grundsätzlich auch ohne ausdrückliche Genehmigung gestatten.[103] Allerdings ist es auch hier zu empfehlen, die Genehmigung zur Bilderstellung und -verwendung einzuholen. Keinesfalls ist es gestattet, eine private Aufnahme eines Prominenten später als Werbemotiv zu nutzen.

Die Einwilligung in eine Ablichtung kann stillschweigend durch konkludentes Verhalten erteilt werden. Dies ist beispielsweise der Fall, wenn sich Personen bewusst für ein Pressefoto aufstellen.[104] Es ist jedoch zu empfehlen, die Einwilligung ausdrücklich und schriftlich einzuholen. Besondere Vorsicht ist geboten, wenn Kinder und Jugendliche in ein Bild integriert werden. Hierbei ist in jedem Fall die Einwilligung des gesetzlichen Vertreters einzuholen. Bei 14- bis 18-Jährigen ist zusätzlich die Zustimmung des Minderjährigen selbst notwendig.[105]

Doch nicht nur abgebildete Personen sind vor Veröffentlichung eines Fotos zu berücksichtigen – auch Urheber, also Fotografen, haben gesetzlich festgeschriebene Rechte. Soll

102 § 22 Kunsturhebergesetz (KUG)
103 Vgl. (Institut für Urheber- und Medienrecht, 2006)
104 Vgl. (Bahr, 2011), S. 10
105 Ebd.

eine Pressemitteilung also durch Bildmaterial Dritter – etwa von Vereinen oder Organisationen – angereichert werden, ist das Urheberrecht zu klären. Ein Fotograf kann bestimmen, ob und wie sein Werk veröffentlicht werden darf.[106] Sinnvollerweise ist die Zustimmung zur Veröffentlichung in allen Formen, auf allen Kanälen und zeitlich unbefristet einzuholen – und zwar schriftlich. Dies muss den Redaktionen im Rahmen der Pressemitteilung ausdrücklich zugesichert werden, damit diese mit dem angebotenen Material arbeiten können.

Die Chance auf Veröffentlichung eines selbst geschriebenen Artikels steigt mit zunehmender Medienrelevanz. Diese lässt sich anhand einiger Punkte abschätzen, wenngleich es nie eine Garantie für redaktionelle Berücksichtigung gibt – weil man auf andere, ebenfalls medienrelevante, Ereignisse keinen Einfluss nehmen kann.

Ein wichtiger Aspekt ist immer die Frage, wie viele Menschen von einer Information betroffen sind.[107] Je größer die Anzahl der involvierten Personen, je interessanter wird ein Bericht. Eine Spende an die Handballgruppe der örtlichen Schule besitzt deshalb für lokale Medien mehr Attraktivität als eine finanzielle Unterstützung des Kickboxweltmeisters, obwohl dieser einen wesentlich höheren sportlichen Erfolg vorweisen kann.

Daneben haben auch die Konsequenzen einer Information Auswirkung auf ihre Medienrelevanz.[108] So können die steuerlichen Vorteile einer Stiftungsgründung Anlass einer lokalen Berichterstattung sein, weil viele Leser die Möglichkeit bekommen, bares Geld zu sparen – obwohl Finanzanla-

106 Ders., S. 8
107 Vgl. (Falkenberg, 2000), S. 61
108 Ebd.

gen sonst nur in überregionalen Rubriken, etwa unter »Geld und Wirtschaft« Widerhall finden.

Wer regionale Medien konsumiert, möchte in der Regel vor allem eines: unterhalten werden. Besonders interessant sind in diesem Kontext echte Neuigkeiten. Unter einer »echten« Neuigkeit ist dabei eine Nachricht zu verstehen, die sich auf einen aktuellen und zugleich seltenen oder bislang noch nicht dagewesenen Vorgang bezieht.[109] So konnte beispielsweise die erste Stiftung zur Durchführung eines Jugendtrainingslagers hohe Aufmerksamkeit erzielen – weil diese Art der Finanzierung bis dato unbekannt war. Nachdem das Modell aber vom fünften Sportverein adaptiert wurde, stieß das Thema außerhalb des betroffenen Vereins kaum noch auf Interesse.

Darüber hinaus kann sich auch die Einbeziehung von Prominenten positiv auf die Relevanz von Ereignissen auswirken.[110] Allerdings ist zu berücksichtigen, dass auch die Auftritte lokaler Prominenz den benannten Gesetzmäßigkeiten unterliegen und an Attraktivität verlieren können.

3.5.1.2 Anzeigenwerbung

Neben der redaktionellen Berichterstattung bietet sich im medialen Sektor die Möglichkeit der bezahlten Werbung in Form von Anzeigen an. Generell kommen dabei Inserate in der lokalen Tageszeitung, Stadtmagazinen oder regionalen, kostenlosen Wochenblättern infrage. Bei Stiftungen mit einem überregionalen Tätigkeitsfeld eignen sich zudem überregionale Publikationen – dazu zählen landesweite Zeitungen ebenso wie Zeitschriften und Magazine.

Trotz elektronischer Medien gilt dabei eine Anzeige nach

[109] Ebd.
[110] Ebd.

wie vor als wirkungsvolles Werbemittel, dem man Beachtung schenken sollte. Dies liegt zum einen daran, dass eine Zeitung oder Zeitschrift mehrfach zur Hand genommen wird. Auf diese Weise lässt sich mit einer Annonce ein Wiederholungseffekt erzielen, der im Gedächtnis bleibt – anders als beispielsweise ein Radiospot.[111] Verstärkt wird dieser Effekt zudem durch die Art des Medienkonsums. So üben beispielsweise 95 Prozent der Radiohörer und 51 Prozent der TV-Seher nebenbei eine andere Tätigkeit aus. Leser konzentrieren sich dagegen im Wesentlichen auf den von ihnen gewählten Text.[112] Bei abonnierten Zeitungen oder Zeitschriften kommt noch hinzu, dass die Rezipienten explizit dafür bezahlen. Da die Leser für ihr Geld eine Leistung in Anspruch nehmen wollen, ist hier deshalb von einer besonders intensiven Nutzung auszugehen.[113]

Je nach Auflage eines Printprodukts entstehen für das Schalten von Anzeigen – und erst durch den mehrfachen Einsatz eines Inserats lässt sich ein gewisser Werbeeffekt generieren – relativ hohe Kosten. Steht ein Marketingbudget zur Verfügung, so gilt es, einen adäquaten Schaltplan zu erstellen. Hier lohnt es sich, einen Mediaplaner hinzuzuziehen. Dieser hilft bei der Auswahl des geeigneten Titels ebenso wie bei der Ermittlung eines stimmigen Zeitplans.

In der Regel dürften Stiftungen, insbesondere mit regionaler Ausprägung, nicht über ausreichende finanzielle Mittel zur Schaltung einer Anzeigenkampagne verfügen. Trotzdem kann dieser Marketingkanal nutzbar gemacht werden – durch gesponserte Schaltungen. Hier kann man sich die Rahmenbedingungen des Mediums zunutze machen. So kommt es

111 Vgl. (Reibnitz, 2011), S. 9
112 Vgl. Ders. S. 12
113 Vgl. Ders., S. 14

bei der Gestaltung, dem Layout einer Zeitungsseite, immer wieder zu Lücken. Die Gründe hierfür können vielfältig sein, etwa ein zu kurz geratener Artikel, zu wenig Nachfrage im Anzeigenteil oder bezahlte Inserate mit außergewöhnlichem Format. Diese Lücken müssen durch den Layouter mit Inhalten geschlossen werden, um einen stimmigen Seiteneindruck zu generieren. Deshalb kann man Redaktionen mit geeignetem Anzeigenmaterial versorgen – das diese ohne Bezahlung veröffentlichen können. Wichtig ist, dass das Anzeigenmaterial die individuellen Anforderungen der Redaktion erfüllt. Aus diesem Grund ist es ratsam, bei der Erstellung einen Experten hinzuzuziehen, beispielsweise eine Werbeagentur. Dies verursacht im ersten Moment zwar auch gewisse Kosten – die sich jedoch über die Steigerung der Einnahmen in der Regel schnell wieder amortisieren und somit auszahlen. Möglicherweise gelingt es auch, einen Mediengestalter der Zeitung oder Zeitschrift vom gemeinnützigen Wirken der Stiftung oder Stiftergemeinschaft zu überzeugen – so dass er preiswert oder unentgeltlich bei der Anzeigengestaltung mitwirkt.

Natürlich gibt es eine Vielzahl an gemeinnützigen Einrichtungen, die per kostenfreier Inserate Spender, Mitglieder oder Gönner gewinnen wollen. Hingegen wird der Füllraum im Interesse der Verlage möglichst gering gehalten – weshalb eine erfolgreiche Veröffentlichung schwer vorhersehbar ist. Daher ist es hilfreich, den Verlagshäusern einen zusätzlichen finanziellen Mehrwert zu bieten. Diesen können als gemeinnützig anerkannte Stiftungen und Stiftergemeinschaften liefern, indem sie Verlagen die Möglichkeit aufzeigen, kostenfreie Annoncen als Sachspende zu deklarieren. Durch die Ausstellung einer Spendenbescheinigung kann diese dann steuerlich geltend gemacht werden.

3.5.1.3 Werbung in Funk und TV

Auch wenn es gute Beispiele für tatkräftige überregionale Stiftungen in der Betreuung regionaler Banken und Sparkassen gibt, wie die Deutsche Gesellschaft für Osteogenesis imperfecta (Glasknochen)[114] – der Schwerpunkt des Stiftungsmanagements dürfte in der Praxis auf regionalen Projekten liegen. Die Folge: Werbung und Öffentlichkeitsarbeit konzentrieren sich auf Kommunikationskanäle, die im Einklang mit dem eigenen Aktionsradius stehen. Seit der Öffnung des Markts für private Hörfunk- und Fernsehangebote in den 80er-Jahren haben sich inzwischen vielfältige regionale Sendestationen etabliert, die grundsätzlich auch für die Stiftungskommunikation zur Verfügung stehen.

Über den Äther verbreitete Werbung hat attraktive Vorteile. So belegen Studien, dass es mittels professionell konzipierter Spots leichter möglich ist, Emotionen zu wecken als durch Anzeigenwerbung. Auch sind die Kosten, verglichen mit der Anzahl der erreichten Personen, relativ niedrig.[115]

Trotzdem ist von Radio- und Fernsehwerbung zur Generierung von Stiftern oder Zustiftern grundsätzlich abzuraten. Diese Medien eignen sich in erster Linie für die Bewerbung einfacher Produkte mit breiter Zielgruppe.[116] Eine Erkenntnis, die auf zwei Hauptursachen zurückzuführen ist: Zum einen darauf, dass Werbespots sehr kurz – in der Regel nie Länger als 30 Sekunden – sind, was die Erklärung komplexer Zusammenhänge ausschließt. Zum anderen darauf, dass die Rezipienten die Werbung nicht aktiv konsumieren, sondern das Empfangsgerät »zur Berieselung« neben anderen Tätigkeiten eingeschaltet haben.

[114] Vgl. (Hirschberg & Düll, 20 12), S. 11
[115] Vgl. (Küsell, 2006), S. 212
[116] Vgl. Ders., S. 213

Trotzdem kann es gelingen, Radio- und TV-Stationen gewinnbringend in die Stiftungskommunikation einzubinden. Nicht über typische kommerzielle Spots – sondern mit kreativen Sendeformaten. Da diese von externen Rahmenbedingungen, beispielsweise dem Sendeplan oder des Musikformats, aber auch rechtlichen Vorgaben abhängig sind, empfiehlt es sich, für die Gestaltung Vertreter des Rundfunkanbieters in die Entwicklung einzubeziehen. Ein gutes Beispiel hierfür ist die »Sondersendung Stiftungen« des mittelfränkischen Lokalradiosenders Radio 8, die am 2. Dezember 2012 ausgestrahlt wurde. Moderator Andreas Fischer nutzte hier eine Ausgabe seiner zweistündigen etablierten Vormittagssendung, um das Thema Stiftung zu beleuchten. Dazu hatte er Experten, darunter Werner Schmiedeler, den Obmann der mittelfränkischen Sparkassen, ins Studio eingeladen. Diese konnten zu im Vorfeld besprochenen Fragen Stellung nehmen und ohne Zeitdruck ihre Botschaften formulieren. Auf diese Weise konnte einer breiten Öffentlichkeit die steigende Bedeutung von Stiftungen für das Gemeinwohl ebenso erklärt werden wie die persönlichen Vorteile eines Stifters und die möglichen Stiftungsmodelle.[117] Abgerundet wurde das Konzept durch eine vom Sender eingerichtete Webseite. Dort wurden alle Gespräche der Sondersendung zum Nachhören bereitgestellt und konnten auch auf den Internetseiten der mittelfränkischen Sparkassen sowie deren Stiftungen eingebunden werden.

[117] Vgl. (Aktuelle Welle Region 8 - Programm- und Werbegesellschaft mbH, 20 12)

3.5.2 Stiftung und Eventmarketing

Anders als bei Großbanken findet die Berichterstattung über regionale Kreditinstitute in der Regel nicht in Funk und Fernsehen, sondern in der Tageszeitung statt. Dort auch nicht im Wirtschaftsteil, sondern auf den Lokalseiten. Deshalb ist es in der Praxis für Sparkassen und Genossenschaftsbanken oft schwierig, eine Plattform für allgemeine Informationen rund um die Finanzen zu finden. Möglich wird die Thematisierung von geschäftspolitisch relevanten Botschaften nur, wenn es gelingt, einen lokalen Bezug herzustellen. Gut gelingt dies durch den Einsatz von Eventmarketing. Der Begriff existiert in Deutschland bereits seit Mitte der 1980er-Jahre. Bis heute gibt es jedoch unterschiedliche Vorstellungen von Eventmarketing. Die meisten existierenden Definitionen folgen dabei im Wesentlichen der Sicht des Deutschen Kommunikationsverbands BDW, der feststellt: »Unter Events werden inszenierte Ereignisse sowie deren Planung und Organisation im Rahmen der Unternehmenskommunikation verstanden, die durch erlebnisorientierte firmen- oder produktbezogene Veranstaltungen emotionale und physische Reize darbieten und einen starken Aktivierungsprozess auslösen.«[118] In Bezug auf die Vermarktung der Stiftungsaktivitäten greift diese Sichtweise jedoch noch zu kurz, bindet sie doch die Presse als Multiplikator nicht mit ein. Im Sinne des Stiftungsmarketings ergänzt der Sozialwissenschaftler und Marketing-Stratege Wolfgang Müller, dass Eventmarketing auch das Ziel verfolgen kann, ein möglichst positives sowie umfangreiches Presseecho zu generieren.[119] Welche Eventstrategie die Stif-

[118] (BDW, 1993) S. 3
[119] Vgl. (Nufer, 2. Auflage, 2006), S. 14

tungsaktivitäten einer VR-Bank oder Sparkasse betreffend dabei zweckmäßig verfolgt werden kann, ist stark von der allgemeinen Werbestrategie des jeweiligen Kreditinstituts abhängig. Auch ist es an dieser Stelle nicht möglich, die Fülle an Möglichkeiten des Eventmarketings erschöpfend zu behandeln. Gleichwohl liefert der folgende Abschnitt interessante Gedankenanstöße für Praktiker, die sich vor Ort zu einer individuellen Strategie weiterentwickeln lassen.

3.5.2.1 Die Pressekonferenz

Zweifellos gehört die Pressekonferenz zu den Grundlagen der Öffentlichkeitsarbeit eines jeden Kreditinstituts. Die Durchführung richtet sich an der jeweiligen regionalen Medienlandschaft und der Kommunikationspolitik der jeweiligen Sparkasse oder Genossenschaftsbank aus. Daher empfiehlt es sich, die Presseabteilung in die Organisation von Stiftungspressekonferenzen eng mit einzubinden oder ihr die Organisation komplett zu übertragen. Bevor es zur Anberaumung eines Pressetermins kommt, sollte jedoch stets die Relevanz der zu kommunizierenden Themen geprüft werden. Wirtschaftlicher Druck hat in den meisten Redaktionen zu Personaleinsparungen geführt – deshalb sollte man die Zeit der Redakteure nicht unnötig beanspruchen. Andernfalls läuft man Gefahr, dass auch wichtige Termine von der Presse nicht mehr wahrgenommen werden. So ist die Gründung einer Stiftergemeinschaft, vor allem wenn Personen des öffentlichen Lebens involviert sind, durchaus von großem Interesse. Zur Bekanntmachung eines Stiftungsprofils auf Facebook hingegen ist eine selbstverfasste Pressemitteilung völlig ausreichend.

Ist der Beschluss gefasst und soll eine Pressekonferenz durchgeführt werden, so müssen einige Grundregeln beachtet werden. Dazu gehört die rechtzeitige schriftliche Einladung der Pressevertreter. Als rechtzeitig betrachtet werden kann ein Vorlauf von drei Arbeitstagen. Wichtig ist an dieser Stelle ein aktueller, gepflegter Presseverteiler. In diesen können auch nicht-kommerzielle Medienangebote und junge Online-Formate aufgenommen werden. Auf die immer noch obligatorische Bitte um Anmeldung der kommenden Journalisten kann inzwischen jedoch verzichtet werden. Effektiver ist es, am Tag der Veranstaltung in der Redaktion anzurufen und nach dem Teilnehmer zu fragen.

Auch der Termin einer Pressekonferenz hat direkte Auswirkungen auf ihren Erfolg – hierbei sollten die Gepflogenheiten der Journalisten berücksichtigt werden. So sollten Termine vor 10 Uhr unbedingt vermieden werden, denn sie kollidieren zwangsläufig mit den täglichen Redaktionskonferenzen. Ebenso zu vermeiden sind Pressekonferenzen nach 16 Uhr. Bei späten Terminen hat der Journalist aufgrund des nahen Redaktionsschlusses kaum Chancen, aktuell in der nächsten Ausgabe zu berichten. Außerdem finden abends viele andere Veranstaltungen statt, mit denen man nicht ohne Not in Wettstreit treten sollte.

Zudem kann man nicht automatisch davon ausgehen, dass die Teilnehmer einer Pressekonferenz fachlich vorgebildet und in die Thematik eingearbeitet sind – selbst dann nicht, wenn das Thema in der Einladung klar vorgegeben wird. In jedem Fall empfiehlt es sich deshalb, einen eigenen Pressetext vorzufertigen und den Pressevertretern ausgedruckt an die Hand zu geben. Ergänzend dazu hat es sich in der Praxis bewährt, den Text als PDF-Datei auf USB-Sticks mit auszuteilen. Auch Bildmaterial kann auf diese Weise bereitgestellt werden – was die Chancen auf eine größere redaktionelle Berücksichtigung nachhaltig erhöht.

Einige Banken und Sparkassen stellen Pressetexte und Berichte auch auf eigenen Plattformen, etwa auf der Website oder dem Facebook-Account, bereit. Dies sollte erst nach Veröffentlichungen in der Tagespresse erfolgen. Ein voreiliges selbständiges Verbreiten der Information im Internet lässt eine Meldung für die Tageszeitung veralten und mindert so das Interesse.

3.5.2.2 Die Stiftung als Großevent

Vor Ort eine breite Öffentlichkeit herstellen lässt sich, unabhängig von einer expliziten Thematik, in der Regel mit der Durchführung einer Großveranstaltung. Dies ist der Tatsache geschuldet, dass Ereignisse ab einer gewissen Teilnehmerzahl oder bei Mitwirkung von Prominenten für die regionale Presse öffentliches Interesse vermuten lassen. Dies gilt vor allem, wenn ein karitativer Hintergrund gegeben oder zu vermuten ist. Grundsätzlich ist der Begriff einer Großveranstaltung subjektiv geprägt und von den regionalen Gegebenheiten abhängig.

In der Praxis sind im Wesentlichen zwei Arten von Großevents im Rahmen des Stiftungsmarketings zu beobachten. Das eine ist die »Kick-off-Veranstaltung«. Dabei handelt es sich um eine einmalige Großveranstaltung, in deren Rahmen eine Stiftergemeinschaft oder eine Bürgerstiftung begründet wird – oder die sich zeitlich in der Nähe des Gründungstermins abspielt. Mit der Durchführung einer Kick-off-Veranstaltung ist in der Regel die Hoffnung verknüpft, eine Initialzündung auszulösen und in der Folge Kontakte zu Stiftern oder Zustiftern knüpfen zu können. Diese Erwartungen müssen fast zwangsläufig enttäuscht werden. Dies kann damit erklärt werden, dass das Publikum für derlei Veranstaltungen äußerst homogen ist – die meisten Interessengruppen jedoch als Stifter nicht infrage kommen. So fühlen sich viele, beispielsweise kommunale Politiker, Vertreter von Organisationen oder Vereinsvorstände, gesellschaftlich zu einer Teilnahme verpflichtet, ohne selbst Ambitionen zu hegen, Kapital in eine Stiftung einzubringen. Oder sie kommen in der Hoffnung, selbst Nutznießer einer Stiftungsausschüttung zu werden. Dies soll keinesfalls davon abraten, eine Kick-off-Veranstaltung zu initiieren. Es gilt jedoch, im Vorfeld realistische Ziele zu definieren, um gleich zu Beginn einer Stiftungsinitiative emotionale Rückschläge bei nicht selten euphorisch agierenden Akteuren zu vermeiden. Wer im Geschäftsfeld Stiftung bestehen will, braucht einen langen Atem. Aber was kann ein Kick-off-Event für die künftige Stiftungsarbeit leisten? Diese Frage ist relativ klar zu beantworten: So lässt sich die Idee einer Stiftung auf diese Weise schnell in die Breite tragen – was potenzielle Stifter im Verborgenen zum Nachdenken anregen und langfristig Kontakte herstellen kann. Außerdem lassen sich Multiplikatoren finden. Denn mögliche Begünstigte erkennen, welche Chancen sich ihnen bieten, wenn sie selbst Stifter finden. Darüber hinaus gelingt es, Dritte zu aktivieren. So gibt es in Stiftergemeinschaften und Bürgerstiftungen zu besetzende Positionen, beispielsweise in Stiftungsvorstand oder Beirat. Da diese Posten in der Regel ehrenamtlich bekleidet werden, ist bei den Funktionären häufig eine gewisse Passivität zu beobachten – zumal häufig im Vorfeld nicht klar ist, welche Aufgaben mit einem solchen Amt verbunden sind. Ist öffentlich bekannt, wer für eine Stiftergemeinschaft oder eine konkrete Stiftung Verantwortung übernommen hat, so sind diese Personen persönlich an einer positiven Entwicklung der Stiftung interessiert, wollen eigene Erfolge vorweisen, auch wenn sie selbst finanziell nicht involviert sind.

Der Ablauf einer Kick-off-Veranstaltung folgt dabei in aller Regel dem gleichen Schema. So gibt es einen Festakt zur Stiftungsgründung. Hier werden gerne vor laufenden Kameras Stiftungsurkunden unterzeichnet. Zusätzlich gibt es den Auftritt eines Prominenten und einen kulturellen Rahmen – der für Interesse bei den Zuschauern sorgt, auch wenn diese nicht zum stiftungsaffinen Kreis zu zählen sind.

Die zweite Gruppe der Großevents stellen regelmäßige Veranstaltungen gleichen Charakters in großem Rahmen dar. Diese werden zumeist jährlich durchgeführt und tragen klangvolle Namen wie »Stiftergala«, »Ball der Stifter« oder »Nacht des bürgerschaftlichen Engagements«. Hier bietet sich für bereits existierende Stiftungen und Stiftergemeinschaften eine Plattform, um ihr gemeinnütziges Wirken zu präsentieren. Gleichzeitig können Stifter für ihr vorausschauendes soziales Engagement geehrt werden – was zusätzlich zu den von Kick-off-Veranstaltungen bekannten Vorteilen besonders hohe Motivation bei potenziellen Stiftern hervorruft, zu handeln und ebenfalls zu stiften. Verstärkt werden kann dies noch durch die Gründung eines »Stifter-Clubs«, der noch elitärer agieren kann als die etablierten Service-Clubs wie Rotary, Lions oder Kiwanis.

3.5.2.3 Das Kamingespräch

Wie bereits erwähnt, muss das Eventmarketing die positiven Impulse einer Stiftungsgründung in die Öffentlichkeit tragen. Ein Hemmnis stellt dabei die Abstraktheit der Thematik dar. Gleichwohl der Stiftungsbegriff allgemein bekannt und dank politischer Stiftungen wie der Friedrich-Ebert-Stiftung, der Konrad-Adenauer-Stiftung und der Hanns-Seidel-Stiftung in den Medien immer wieder präsent ist, spielt das Thema Stiftung in Deutschland, anders als in den anglikanischen Gesellschaften, für die breite Öffentlichkeit kaum eine Rolle. Um in der Öffentlichkeit – und damit auch bei der Presse – Interesse zu wecken, empfiehlt sich deshalb der Einsatz von Testimonials oder prominenten Personen, die sich bereits im Stiftungsumfeld engagieren.

Dabei ist jedoch zu beachten: Prominente treten in der Regel nur vor größerem Publikum auf. Für kleine und mittlere Kreditinstitute bedeutet dies, dass eine breite Öffentlichkeit angesprochen werden muss. Diese Zuhörerschaft sorgt dann sicher für eine gelungene Kulisse und ein großes Medienecho – die Zahl der potenziellen Stifter, und damit auch der anschließende Vertriebserfolg im Bereich Stiftungsgründung, wird jedoch sehr gering sein. Außerdem birgt der Einsatz von überregionalen Größen die Gefahr, dass es nicht gelingt, das segensreiche Wirken für eine regionale Stiftung herauszuarbeiten. Nicht selten verstärkt sich der Eindruck, das Thema Stiften ist wichtig – für die oberen Zehntausend.

Einen anderen Ansatz des Eventmarketings verfolgt deshalb das Kamingespräch. Die Idee hierbei ist es, einen handverlesenen Kreis potenzieller Stifter mit dem Thema »Bürgerschaftliches Engagement« zu konfrontieren. Wichtig ist es, das Kamingespräch als besonders wertige Veranstaltung darzustellen und aus den persönlich geladenen Gästen – am besten durch den Vorstand – eine Ingroup zu formen. Aus dieser intimen Gruppe lassen sich später wesentlich leichter Zustiftungen zu einer Stiftergemeinschaft generieren als aus sich gegenseitig und der Stiftergemeinschaft völlig unbekannten Personen. Um den Gruppengedanken zu intensivieren, bedarf es einer gewissen Regelmäßigkeit der Kamingespräche. »Grundsätzlich eignet sich dafür die kalte Jahreszeit, also die Monate November bis April, am besten, um potenzielle Stifter anzusprechen«, erklärt Stiftungsexperte Marco Fischer. Diese Monate sind auch die Kernzeit für Kamingespräche. Denkbar sind dabei regelmäßige Kamingespräche, etwa an einem bestimmten Tag im Monat – oder auch eine Stiftungswoche. Diese sollte dann jährlich in der gleichen Kalenderwoche durchgeführt werden und mindestens drei Gesprächsangebote enthalten.

Der Ablauf eines Kamingesprächs verläuft wesentlich flexibler als eine Großveranstaltung. Die Gäste, idealerweise nicht mehr als 45 Personen, kommen zu einer Gesprächsrunde mit einem vorgegebenen Thema zusammen. Die Moderation einer solchen Talkrunde sollte dabei bei einem Vertreter des Vorstands liegen, der mit den geladenen Gästen, in der Regel regionale VIPs, auf Augenhöhe agieren kann. Unterstützend sollte dieser Moderator jeweils zum Thema passend einen Experten einladen. Dieser kann ein lokaler Multiplikator sein, etwa ein Anwalt für Fragen der Nachlassregelung, ein spezialisierter Steuerberater und Notar – oder auch eine Person ohne regionalen Bezug, dafür aber aus dem sozialen Milieu des Publikums. Hier eignet sich beispielsweise ein fremder Stifter, der zu seinen positiven Erfahrungen Stellung nehmen kann, oder auch der Vertreter einer begünstigten Organisation etc.

3.5.3 Stiftung und Direktmarketing

Wie bereits beschrieben, ist es kaum möglich, bereits im Vorfeld potenzielle Stifter zu identifizieren. Umso wichtiger ist es, von Beginn an eine breite Öffentlichkeit für das Stiftungsangebot der eigenen Sparkasse oder Bank zu schaffen. Ein Baustein hierfür ist gezielte Pressearbeit. Sich allein darauf zu stützen, ist jedoch bei Weitem nicht ausreichend. Denn selbst wenn die örtlichen Zeitungen das Stiftungsprojekt wohlwollend unterstützen, ist damit nicht sichergestellt, dass potenzielle Stifter erreicht werden. Grund hierfür ist die Vorbelegung des Wortes »Stiftung«. So berichtet Marco

Fischer, Stiftungsverantwortlicher im Hause der Kreissparkasse Höchstadt/Aisch, dass viele Menschen hinter einer Stiftung ein Angebot für »Superreiche« vermuten. Grund dafür kann zum einen die Tatsache sein, dass Stiftungen in Deutschland seit Generationen mit dem Geldadel verknüpft sind. Beispielhaft sind hier die 1959 gegründete Fritz Thyssen Stiftung[120] oder die an den 1961 verstorbenen Tabakfabrikanten erinnernde Hermann Reemtsma Stiftung.[121] Zum anderen spielen auch die Bemühungen von aktuellen Stars in diesem Zusammenhang eine große Rolle. So haben zahlreiche Personen des öffentlichen Lebens eine Stiftung gegründet, beispielsweise der Wimbledon-Sieger Michael Stich[122] im Jahr 1994, Eiskunstlauf-Olympiasiegerin Katharina Witt 2005[123] oder der Fußballnationalspieler Christoph Metzelder 2006.[124]

Diese prominenten Stiftungsgründer begnügen sich in aller Regel nicht damit, durch die Erträge ihrer eigenen Stiftungseinlage Gutes zu tun. Vielmehr nutzen sie ihren Namen, um bei verschiedensten Gelegenheiten Spenden für die eigene Stiftung und den selbst auserkorenen guten Zweck zu sammeln. Prominentes Beispiel hierfür ist Star-Tenor José Carreras, der bereits seit Jahren gemeinsam mit der ARD Spenden für seine Leukämie-Stiftung sammelt.[125] Bemühungen dieser Art können gesellschaftlich durchaus als positiv betrachtet werden. Bieten sie doch die Möglichkeit, die Öffentlichkeit für ein bestimmtes Anliegen, ein bestimmtes Problem zu sensibilisieren. Sie tragen aber eben

120 Vgl. (Fritz Thyssen Stiftung, 2011)
121 Vgl. (Hermann Reemtsma Stiftung, 2011)
122 Vgl. (Michael Stich Stiftung, 2011)
123 Vgl. (Katharina Witt-Stiftung, 2006)
124 Vgl. (Christoph Metzelder Stiftung, 2013)
125 Vgl. (José Carreras Stiftung, 2010)

auch dazu bei, das Thema Stiftung in den Köpfen der Menschen, wie bereits erwähnt, mit der Schicht der Reichen zu verknüpfen. Es ist deshalb unbedingt notwendig, die intensive Pressearbeit mit gezieltem Direktmarketing zu verlängern. Die gezielte Ansprache der Öffentlichkeit kann dabei sehr vielschichtig erfolgen. Höchste Effektivität lässt sich dann erzeugen, wenn sämtliche Kommunikationskanäle in einem Konzept integriert werden.

3.5.3.1 Der Stiftungsflyer

Die Kosten für den Druck eines Flyers sind in den letzten Jahren enorm gesunken. Gleiches gilt für die Gestaltungskosten. Denn schon mit erschwinglichen Computerprogrammen ist es inzwischen auch Laien heute technisch möglich, einen Flyer selbst zu gestalten. Dies hat nicht zu einer Steigerung der Qualität von Printprodukten beigetragen, wohl aber zu einer enormen Auflagensteigerung. Neben gewerblichen Unternehmen werden deshalb auch private Haushalte tagtäglich von Werbedrucksachen überflutet. Häufig führt ein überfüllter Briefkasten letztendlich dazu, dass das Werbematerial ungelesen im Abfalleimer landet – oder die Adressaten gar nicht erreicht werden, etwa weil ein Werbeverbot am Briefkasten angebracht wurde. Deshalb ist der Flyer bei vielen Werbetreibenden, aber auch PR-Beratern, inzwischen umstritten. Der Waiblinger Unternehmensberater Marcel Schreyer bringt dies in seinem Blog »Marktschreyer« auf den Punkt: »[O]bwohl tagtäglich Millionen der kleinen Werbezettel gedruckt und verteilt werden, belächelt man ihn doch nur noch. […] Die Rücklaufquoten liegen meist im Nullkomma-Prozentbereich.«[126]

[126] (Schreyer, 2009)

Trotzdem sollte der erste Schritt im Rahmen eines Konzepts für Stiftungsmarketing die Erstellung eines Werbeflyers sein. Denn nicht allein das Werbemedium ist entscheidend für die Response-Quote. Ebenso bedeutsam ist die Art und Weise des Einsatzes eines Werbemittels. Und hier bieten sich in einer Sparkasse oder Bank ideale Möglichkeiten, mit einem Infozettel auf das eigene Stiftungsengagement aufmerksam zu machen. So kann der Flyer beispielsweise im Zeitraum der Gründung einer Stiftergemeinschaft oder Bürgerstiftung jedem ausgehenden Brief beigelegt werden. Post vom eigenen Geldinstitut stößt bei den Kunden im Allgemeinen auf besondere Aufmerksamkeit, sodass der Flyer auf diese Weise eine gute Aufmerksamkeit erreichen kann. In diesem Zusammenhang spielt es auch keine Rolle, ob der Grund des Briefs thematisch zum beiliegenden Flyer passt. Besonders vertriebsorientierte Kreditinstitute, beispielsweise die ING DiBa, fügen ihrer Geschäftspost grundsätzlich einen Werbezettel bei. Dies kann die Cross-Selling-Quote steigern und verursacht in der Regel keine signifikant höheren Kosten, etwa für Porto. Ist an einen Versand mit der Tagespost gedacht, so muss dies rechtzeitig – also schon bei der Gestaltung des Flyers – berücksichtigt werden, gerade, wenn eine externe Agentur mit dem Design beauftragt wird.

3.5.3.2 Der Stiftungsnewsletter

Stiften bedeutet, langfristig Gutes zu tun. Häufig auch nicht sofort, sondern erst nach dem Ableben eines Geldgebers. Dies sorgt jedoch grundsätzlich bei kleinen Sparkassen und Banken für ein Kommunikationsproblem. Um Stifter und Zustifter zu gewinnen, müssen die Themen »Bürgerschaftliches Engagement« und »Stiften« kontinuierlich erwähnt und in den Köpfen der Menschen wach gehalten werden. Die Begründung einer Stiftung gehört jedoch nicht zum Tagesgeschäft und nicht selten wollen Stifter im Hintergrund bleiben. Deshalb gestaltet sich die Öffentlichkeitsarbeit über die Tagespresse häufig schwierig. Eine attraktive Alternative stellt hier die Publikation eines Newsletters dar. Dieser ermöglicht es, zumindest eine engere Öffentlichkeit regelmäßig mit attraktiven Aspekten aus dem Stiftungsumfeld zu konfrontieren – und so potenziellen Mäzenen Appetit zu machen.

Unter dem Begriff Newsletter versteht man heute in aller Regel eine periodisch versendete E-Mail, die zielgruppenspezifische Informationen enthält.[127] Allerdings haben Newsletter unter dem Titel »Rundschreiben« als gedruckte Publikation bereits eine lange Tradition.[128]

Die Gründe für einen E-Mail-Newsletter liegen auf der Hand: Die Produktionskosten sind gering, da weder Druckerei noch Post bezahlt werden müssen und die Erstellung eines E-Mail-Newsletters dank benutzerfreundlicher Software inzwischen auch für Laien gut möglich ist. Trotzdem empfiehlt sich im Bereich der Stiftungskommunikation der Einsatz eines gedruckten Rundbriefs oder zumindest die Wahlmöglichkeit zwischen einer analogen oder digitalen Variante. Denn obwohl die Internetnutzung der Bundesbürger allein zwischen 1997 (6,5 Prozent)[129] und 2009 (67,1 Prozent)[130] kontinuierlich und sprunghaft angestiegen ist, kann man nach wie vor nicht automatisch voraussetzen, dass dieses neue Medium von jedem genutzt wird. Zudem ist das Lesen am Bildschirm nach wie vor ermüdend für die Augen und kann bei den Rezipienten ein Stressgefühl hervorrufen.[131] Hinzu

127 Vgl. (Kollmann, 2012)
128 Vgl. (Vogel, 2011)
129 Vgl. (ARD, 2009)
130 Ebd.
131 Vgl. (Landesakademie für Fortbildung und Personalentwicklung an Schulen, 2012)

kommt, dass stiftungsaffine Menschen häufig im gehobenen Kundensegment anzutreffen sind. Dort existiert ein überdurchschnittlich hohes Qualitätsbewusstsein. Dies gilt gleichermaßen für Service, Beratung und Dienstleistung. Die wertige Anmutung eines Angebots stellt somit mehr dar als einen ersten Eindruck – sie entscheidet darüber, ob etwas aus Kundensicht den jeweiligen individuellen Ansprüchen genügen könnte und näher betrachtet werden sollte, oder ob es sich um ein Massenprodukt handelt, mit dem man sich nicht identifizieren möchte.

Vor der Publikation eines Stiftungsnewsletters ist es deshalb unabdingbar, sich mit der Qualität des Informationsangebots auseinanderzusetzen. Dies ist komplexer als auf den ersten Blick ersichtlich. Egal ob analog oder digital verbreitet – ein Newsletter muss ansprechend gestaltet sein und attraktive Inhalte aufweisen. Ein Printprodukt muss zudem auf wertigem, schwerem Papier gedruckt sein. Neben diesen Aspekten drückt sich Qualität jedoch auch in weichen Faktoren aus. Dazu zählen beispielsweise die Regelmäßigkeit der Erscheinung, ein konstanter Umfang und kontinuierlich platzierte Rubriken. Letztere Punkte werden in der Praxis häufig unterschätzt. Gerade in der Anfangseuphorie bei Einführung des neuen Geschäftsfelds Stiftung oder der Gründung einer Stiftergemeinschaft, denn da gibt es tendenziell noch viele motivierte Helfer – und auch einiges zu berichten. Regelmäßig und auf Dauer zu publizieren, sodass es für anspruchsvolle Rezipienten auch noch einen Mehrwert gibt, fällt dagegen schwer. Aber nichts wirkt für die Akzeptanz eines Produkts oder einer Unternehmung destruktiver als die – auch schleichende – Einstellung eines regelmäßigen Kommunikationsangebots. Deshalb sollte vor Einführung eines Newsletters unbedingt die dauerhafte Vorhaltung von Ressourcen geklärt sein, ebenso wie das fachliche Know-how. Gegebenenfalls empfiehlt es sich, dieses Know-how bei auf Stiftungskommunikation spezialisierten Dienstleistern einzukaufen. Hier gibt es inzwischen standardisierte und auf das Budget der unterschiedlich großen Stiftungen abstimmbare, modular aufgebaute Angebote, etwa bei der Erlanger Werbeagentur Bühring (www.buehring-media.de).

3.5.3.3 Die Bewerbungsmappe

Das Angebot zur Begleitung einer Stiftungsgründung oder Zustiftung gehört bei Sparkassen und Genossenschaftsbanken nicht zum Tagesgeschäft. Zudem handelt es sich meist um größere Beträge, die dem Stiftungsprojekt auf Dauer anvertraut werden – deshalb ist der Qualitätsanspruch in der Erstberatung und der weiteren Begleitung auf Kundenseite besonders hoch. So ist davon abzuraten, diese Thematik durch den jeweils einem Kunden zugeordneten Berater abbilden zu lassen. Besser ist es, die Kundenberater und -betreuer dazu anzuhalten, nach erkanntem Bedarf beziehungsweise der ersten Ansprache des Kunden an einen speziell ausgebildeten Stiftungsbetreuer überzuleiten. Dieser Betreuer kann aber auch selbst und ohne direkten Kundenkontakt Aktivitäten entfalten, etwa wenn er aus der Zeitung von Stiftungsgründungsbestrebungen erfährt.

In beiden Fällen muss der Stiftungsexperte kurzfristig reagieren und sich um das Stiftungsmandat bewerben. Die Begrifflichkeit »bewerben« ist an dieser Stelle ganz bewusst gewählt. Schließlich kommt es in diesem sensiblen Geschäftsfeld ganz besonders auf Kompetenz, Erfahrung und Service an. Vor allem aber auf Vertrauen, schließlich gibt der Kunde sein Kapital auf Dauer, also für immer, in fremde Hände.

Für den ersten Kontakt, also die Bewerbung – egal, ob von einem Berater oder dem Stiftungsbeauftragten durchgeführt –, empfiehlt es sich, eine hochwertige Bewerbungsmappe einzusetzen. Idealerweise ist die Mappe bereits im Design der Stiftung oder Stiftergemeinschaft gehalten, hilfsweise im vertrauten Layout der betreffenden Bank oder Sparkasse. Sie sollte ein persönliches Anschreiben des Stiftungsbeauftragten enthalten sowie eine Visitenkarte. Diese wird in der Regel auch dann aufgehoben, wenn das übrige Informationsmaterial durch den Kunden entsorgt wird, weil dieser beispielsweise aktuell noch keinen Bedarf sieht. Zudem sollte die Bewerbungsmappe mit einer Vorstellung der Stiftungsaktivitäten ausgestattet sein. Dies kann, je nach Verfügbarkeit, eine hochwertige Broschüre oder ein Flyer sein. Wichtig ist, dass die gesamte Bandbreite der möglichen Stiftungsziele erkennbar wird. Denn nur, wenn es hier gelingt, Emotionen für ein solches Projekt zu wecken, wird der Kunde gedanklich einsteigen. Idealerweise wird die Beratungsmappe durch Erfolgsmeldungen angereichert. Das können Zeitungs- und Zeitschriftenberichte über Stiftungsgründungen oder über geförderte Projekte sein – idealerweise mit regionalem Bezug. Aber auch ein Imagevideo auf DVD kann den professionellen Eindruck vermitteln, der in Bezug auf den Umfang des für Stiftungen notwendigen Vermögens angebracht ist.

3.5.3.4 Vorsicht mit dem Gesetz gegen unlauteren Wettbewerb

Wie bereits beschrieben, kann es lohnend erscheinen, potenzielle Stifter oder Spender zu kontaktieren, um sie auf diese Weise für das eigene Projekt zu aktivieren. Auch wenn eine Stiftung gemeinnützig ist und mit ihrem Zweck zu Erhalt oder Verbesserung des gesellschaftlichen Lebens beiträgt – es handelt sich dabei um Werbung die, genau wie kommerzielle Angebote, den Regelungen des Gesetzes gegen den unlauteren Wettbewerb (UWG) unterliegt. Bereits am 7. Juni 1909 war dieses Handelsgesetz mit dem Ziel erlassen worden, Konsumenten vor irreführenden Angaben in Bezug auf Beschaffenheit, Ursprung, Herstellungsart oder Preis zu schützen.[132] Immer wieder wurde das Lauterkeitsrecht seither angepasst und ergänzt, zuletzt im Jahr 2010[133]. So soll das UWG Konsumenten heute nicht mehr nur vor Irreführung schützen, sondern gleichermaßen auch vor unzumutbarer Belästigung. Diese Regelungen treffen auch auf die Stiftungskommunikation zu und sind zur Vermeidung empfindlicher wettbewerbsrechtlicher Sanktionen unbedingt einzuhalten.

Dabei gilt: Die Ansprache von Privatpersonen, juristisch Verbraucher genannt, per Telefon, Fax oder E-Mail kann grundsätzlich als Belästigung betrachtet werden. Diese Kommunikationskanäle dürfen also nur dann genutzt werden, wenn die ausdrückliche Genehmigung – idealerweise schriftlich – eingeholt wurde. Werbung mittels Brief ist dagegen sowohl persönlich als auch »An alle Haushalte« adressiert grundsätzlich zulässig.[134] Allerdings ist der Adressat in jedem Schreiben darüber zu informieren, dass er der werblichen Ansprache jederzeit widersprechen und wohin er seinen Widerspruch richten kann.

Die inzwischen strengen Regelungen der werblichen Kundenansprache entsprechen dem politischen Zeitgeist – und beschäftigen Banken und Sparkassen bereits seit Jahren. So haben die regionalen Kreditinstitute in der Regel bereits ein Werbeeinverständnis für die unterschiedlichen Kommunikationskanäle bei ihren Kunden eingeholt und dieses dokumentiert. Ein solches Werbeeinverständnis gilt jedoch aus datenschutzrechtlichen Gründen nicht automatisch für verbundene Unternehmen. So dürfen Verbundunterneh-

132 Vgl. (Adeos Media GmbH 2005)
133 Vgl. (Meckel 2013)
134 Vgl. (Henning 2013)

men – und als solche könnte man eine rechtlich selbständige Stiftung oder Stiftergemeinschaft betrachten – die Daten von Bankkunden nur dann für eigene Werbezwecke nutzen, wenn auch hierfür die ausdrückliche Einwilligung des Betroffenen vorliegt.[135] Einige Banken und Sparkassen haben in ihren Vertragswerken deshalb eine Verbundklausel im Einsatz, die den Kundenwillen in Zusammenhang mit der Datenweitergabe an Verbundpartner dokumentiert. Vor der Durchführung einer Kommunikationskampagne sollte deshalb sorgfältig geprüft werden, ob eine solche Verbundklausel eingesetzt wurde und sich diese auch auf die jeweilige Stiftung oder Stiftergemeinschaft erstreckt. Im Zweifel ist jedoch davon auszugehen, dass dies nicht der Fall ist. Dann empfiehlt es sich, die Werbemaßnahme nicht unter dem Label der Stiftung oder Stiftergemeinschaft durchzuführen, sondern im Namen der eigenen Bank oder Sparkasse.

3.5.4 Stiftung und Produktmarketing

Durch die in Sparkassen und Banken übliche detailverliebte Organisation in Verbindung mit umfangreichem Fachwissen der Mitarbeiter ist der Illusion der Beherrschbarkeit der Komplexität nicht-physischer Produkte Tür und Tor geöffnet.[136] Dies gilt vor allem für die Gewinnung von Stiftern und Zustiftern, da ihr gewünschtes Handeln doppelt abstrakt und deshalb besonders komplex ist. Zum einen handelt es sich bei einem Stiftungsprodukt um eine Finanzdienstleistung – die naturgemäß immateriell ist. Zum anderen zeigt die Stiftung oder Zustiftung häufig erst in ferner Zukunft, nicht selten nach dem Ableben des Geldgebers,

[135] Vgl. (Seip 2010), S. 27
[136] Vgl. (Landesakademie für Fortbildung und Personalentwicklung an Schulen, 2012)

Wirkung. Diese Hürde kann durch gezielte Stiftungsprodukte nachhaltig gesenkt werden. Bewährte Modelle werden im Folgenden vorgestellt.

3.5.4.1 Stifterstein

Eine Stiftung ist häufig mit dem Gedanken verbunden, das Andenken an eine Person über Generationen hinweg zu bewahren. Exemplarisch genannt seien an dieser Stelle etwa die Konrad-Adenauer-Stiftung oder die Hubert Burda Stiftung. Um eine Namensstiftung zu begründen, bedarf es jedoch auch unter dem Dach einer Stiftergemeinschaft eines nennenswerten Stiftungskapitals, in der Regel mindestens 25 000 Euro. Eine Tatsache, die im Widerspruch zum Ansatz einer Stiftergemeinschaft steht – die eben schon mit kleinen Beträgen nachhaltig Gutes tun lassen möchte. Abhilfe schaffen kann hier das Projekt »Stifterstein«. Die Idee ist einfach: Ein Stifter erwirbt im Rahmen seiner Zustiftung einen Stein. Dieser wird mit dem Namen des Stifters versehen und an einer öffentlich zugänglichen Stelle platziert. Hier sind simple Lösungen ohne ein aufwändiges Genehmigungsverfahren realisierbar. So erhält beispielsweise bei der Genossenschaftsstiftung der VR-Bank Uffenheim-Neustadt eG jede Zustiftung ab einer Summe von 500 Euro einen Pflasterstein auf dem Parkplatz der Bank.[137] Besonders große Aufmerksamkeit lässt sich jedoch erzielen, wenn die Stiftersteine an emotional mit einem Stiftungsprojekt verbundene Orte platziert werden, beispielsweise auf die Treppe vor einer Kirche, einem Schulhof etc.

3.5.4.2 Stifteranleihe

Eine interessante Option stellt die Emission einer Stifteranleihe dar, denn sie bietet die Möglichkeit, die Geschäftsfelder

137 Vgl. (VR-Bank Uffenheim-Neustadt e.G., 20 12), S. 3

Anlageberatung und Stiftungsmanagement zusammenzuführen. Das Modell hinter diesem Ansatz ist dabei trivial. Die Bank oder Sparkasse dient ihren Kunden ein Wertpapier an – und verknüpft den Absatz mit einem Stiftungsversprechen. So zahlte die Sparkasse Fürth beispielsweise für je 1000 Euro Anlagesumme in ihre Stifteranleihe einen Betrag von drei Euro an Stiftungen im Geschäftsgebiet aus.[138]

Eine Stifteranleihe bietet den Bank- und Sparkassenkunden einen doppelten Nutzen. Zum einen handelt es sich um ein klassisches Anlageprodukt, das je nach Ausgestaltung über attraktive Konditionen oder Sicherheitsmechanismen verfügt. Zum anderen übernimmt der Anleger durch den Kauf gesellschaftliche Verantwortung. Auf diese Weise kann es gelingen, eine breite Anlegerschicht auf das Thema Stiftung aufmerksam zu machen. Folgendes ist in diesem Zusammenhang jedoch zu bedenken: Gelingt es nicht, den Kunden durch einen Zinsabschlag zu beteiligen, so bringt der Anleger über die Stifteranleihe kein eigenes Geld ein. Die Stifteranleihe kann deshalb nur als Instrument der Öffentlichkeitsarbeit betrachtet werden – und hilft dem Berater, dieses komplexe Geschäftsfeld in seine Kundengespräche einzuführen. Um aus Anlegern echte Stifter zu machen, sind jedoch Folgemaßnahmen deshalb unabdingbar.

3.5.4.3 Gekoppelte Produkte

Bei dem unter 3.5.4.2 dargestellten Ansatz stiftet die Bank oder Sparkasse quasi aus Dankbarkeit für einen Produktabsatz, der Konsument ist jedoch nicht persönlich involviert. Anders stellt sich dies bei gekoppelten Produkten dar. Hier wird der Konsument durch die Preisgestaltung direkt an das Stiftungsengagement gekoppelt – und stiftet wissentlich und

138 Vgl. (Sparkasse Fürth, 20 12), S. 1

persönlich. Diese Variante bietet gleich zwei attraktive Vorteile. Einerseits lässt sich das bürgerschaftliche Engagement einpreisen und muss nicht über die institutseigene Marge dargestellt werden. Andererseits eignet sich dieser Ansatz auch für andere Branchen und bietet somit auch für am Gemeinwohl orientierte Firmen interessante Chancen.

Das Konzept eines gekoppelten Produkts ist dabei simpel. Der Kunde erwirbt ein reguläres Produkt zu einem regulären Preis. Dieser Verkaufspreis wird jedoch um eine Summe X erhöht – die nicht dem Verkäufer, sondern direkt und separat ausgewiesen einer Stiftung oder Stiftergemeinschaft zufließt. Ein populäres Beispiel für die Idee einer Produktkoppelung findet sich in der Softwarebranche. So verkauft die Avira Operations GmbH & Co. KG ihre kostenpflichtigen Antivirenprogramme ausschließlich in Kombination mit einer Zuwendung an die Auerbach Stiftung[139] des Firmengründers Tjark Auerbach.

3.5.4.4 Stifter-Rente

Seit jeher gilt: »Ein eigenes Haus oder eine eigene Wohnung sind die perfekte Vorsorge fürs Alter.«[140] Eine berechtigte Faustformel, bedenkt man die offensichtlichen Vorteile: Man zahlt die Miete quasi an sich selbst, da die Immobilie nach Abzahlung ganz im eigenen Besitz steht, ist geschützt vor Mieterhöhungen und kann die Immobilie/Wohnung sofort nutzen. Aufgrund der sich verändernden Gesellschaft erweist sich eine Immobilie jedoch immer öfter als problematisch, beispielsweise wenn die Rente nicht ausreicht, um einen altersgerechten Umbau zu stemmen. Aber auch die Unterhaltskosten können zur untragbaren Bela-

[139] Vgl. (Auerbach Stiftung, 20 12)
[140] (LBS Schleswig-Holstein, 20 12)

stung werden, etwa wenn der Lebenspartner in ein Pflegeheim umziehen muss.

Selbst wenn das Leben nach Plan verläuft, kann eine Immobilie unflexibel anmuten. So kann man davon ausgehen, dass in Zukunft in zwei von drei Nachlässen Immobilien enthalten sein werden.[141] Bei Weitem nicht jeder Erblasser verfügt jedoch über direkte Angehörige, die er mit seiner Immobilie versorgen möchte. Außerdem haben sich die Wertvorstellungen zwischen Kriegs- und Nachkriegsgeneration verschoben. Die nachwachsende Rentnergeneration will sich nicht mehr automatisch auf das Altenteil zurückziehen und ihren Kindern und Enkeln ein möglichst großes Vermögen hinterlassen. Dafür möchte man sich in der »Generation 55plus« endlich ausreichend Zeit nehmen für die schönen Dinge des Lebens.[142] Solange es die Gesundheit noch zulässt, möchte man sich lange gehegte Lebensträume verwirklichen – und dazu wird Kapital benötigt. Kapital, das in schuldenfreien Immobilien gebunden ist und erst den Erben wieder zur Verfügung steht. Denn ein Verkauf kommt nicht in Frage, möchte man seinen Lebensabend in gewohnter Atmosphäre verbringen.

Ein attraktives Lösungsmodell stellt hier die Stifter-Rente dar. Ein Produkt, das zunehmend an Bedeutung gewinnen wird, wie Brigitte Wesierski, die Direktorin des Bundesverbands Öffentlicher Banken Deutschlands, bestätigt: »Wir glauben, dass die Nachfrage nach entsprechenden Produkten Schritt für Schritt wachsen wird.«[143] Kern dieses Produktes bildet eine sogenannte umgekehrte Hypothek für Immobilienbesitzer. Diese können einen Teil des Wertes ihrer Im-

[141] Vgl. (Postbank AG, 20 12)
[142] Vgl. (Sparkasse Offenburg/Ortenau, 2008), S. 2
[143] (Wesierski, 2008)

mobilie beleihen. Das Darlehen wird dann in monatlichen Raten – oder einem anderen im Voraus zu vereinbarenden Rhythmus – als zusätzliche Rente ausgezahlt, ohne dass die Immobilie veräußert werden muss. Besonders attraktiv: Auch Einmalzahlungen sind denkbar. So wurde bei der von Sparkassendirektor Hermann Weber konzipierten S-Haus-Rente der Sparkasse Offenburg/Ortenau die Möglichkeit zur Auszahlung größerer Summen für die Instandhaltung der betroffenen Immobilie sowie für Maßnahmen zur Erhaltung der Gesundheit des Rentenempfängers integriert.[144]

Die Zahlungen enden, wenn die vereinbarte Summe ausgezahlt wurde, wenn der Immobilienbesitzer in ein Senioren- oder Pflegeheim zieht oder mit dessen Tod.

Die Rückführung der umgekehrten Hypothek erfolgt erst, wenn der Eigentümer diese nicht mehr benötigt – also nach Umzug in eine betreute Einrichtung oder im Todesfall. Dann wird die Immobilie durch die rentengewährende Sparkasse oder Bank veräußert. Der Überschuss aus dem Verkauf – für die Rente kann nur ein Teilwert der Immobilie herangezogen werden – fällt als Zustiftung der Stiftergemeinschaft zu oder kann bei ausreichender Höhe auch zur Begründung einer Namensstiftung herangezogen werden.

3.5.4.5 Stifterverein

Je größer das Stiftungsvermögen, desto größer die Möglichkeiten einer Stiftung oder Stiftergemeinschaft, Gutes zu bewirken. Deshalb zählt eine rege Öffentlichkeitsarbeit in der Regel zu den Schwerpunkten der Stiftungsarbeit. Häufig weckt dies bei Menschen das Bedürfnis, ebenfalls mitzuwirken – jedoch mit kleineren Beträgen unter

144 Vgl. (Sparkasse Offenburg/Ortenau, 2008), S. 4

200 Euro. Schnell kommen so große Summen zusammen, die jedoch nicht dem Stiftungsvermögen zufließen können, sondern sofort – also im Jahr des Zuflusses – als Spenden verbraucht werden müssen. Abhilfe schaffen kann hier ein als gemeinnützig anerkannter und eingetragener Stiftungsverein. Zweck dieses Vereins ist das Sammeln und Poolen kleinerer Summen. Diese können dann von Zeit zu Zeit, beispielsweise jährlich, dem Stiftungsvermögen auf Dauer zugeführt werden.

Natürlich etabliert sich ein Verein nur dann, wenn er einen Vereinszweck verfolgt, der einer breiten Masse als sinnvoll erscheint, diese im Idealfall sogar begeistert. Deshalb empfiehlt es sich, einen Stiftungsverein nicht als Ansparkonto, sondern als Förderverein zu begreifen. Fördervereine haben sich bereits in den unterschiedlichsten Bereichen, vom Kindergarten über Universitäten bis hin zu Krankenhäusern und Kirchen, etabliert. Gelingt es, den Verein als Fördereinrichtung für die durch die Stiftung begünstigten Einrichtungen erlebbar zu machen, so lassen sich neben einmaligen Spenden auch Mitglieder gewinnen. Diese tragen durch regelmäßige, als Mitgliedsbeiträge deklarierte Spenden kontinuierlich zum Anwachsen des Stiftungskapitals bei – ohne dass man sie ständig um neue Spenden bitten müsste.

3.5.4.6 Geschenk-Stiftung

Anlässe, die ein Geschenk erforderlich machen, gibt es zuhauf. Ebenso die Frage nach einem passenden Präsent. Exemplarisch erwähnt seien hier der runde Geburtstag einer Person des öffentlichen Lebens oder ein Firmenjubiläum. Ein »Geschenk« der etwas anderen Art sind Spenden nach einem Todesfall: Häufig bitten die Hinterbliebenen darum, keine Kränze und Blumen, sondern stattdessen Geld an eine wohltätige Einrichtung zu spenden. Dies trägt der Tatsache Rechnung, dass die »Gaben« zu solchen Anlässen in erster Linie einem Amt, einer Funktion oder einer geschäftlichen Beziehung geschuldet sind – und keinem persönlichen Verhältnis. Dies würde es für Gratulanten sehr schwierig machen, ein individuell passendes Geschenk zu finden – und könnte zudem für den Beschenkten problematisch werden, da dieser auf Grund von Compliance-Richtlinien häufig nicht zur Annahme von Präsenten berechtigt ist.

Spenden als Ersatz für Geschenke haben sich aus den benannten Gründen längst etabliert. Sie bieten allerdings nur zwei Parteien Vorteile: Zum einen den Schenkenden – da diese Spenden an gemeinnützige Einrichtungen in der Regel steuerlich geltend machen können. Zum anderen den bedachten Einrichtungen, da diese finanzielle Mittel zur freien Verfügung erhalten. Keine Vorteile – weder finanziell, steuerlich noch öffentlichkeitswirksam – ergeben sich für den Initiator eines Spendenaufrufs, da er offiziell nicht in Erscheinung treten kann. Hier kann eine Stiftung oder Stiftergemeinschaft attraktive Vorteile bringen. Der Initiator, also der potenziell zu Beschenkende, beauftragt eine Stiftung oder Stiftergemeinschaft mit der Einrichtung eines Sammelkontos. Wie bei einer Spende erwerben auch hier die Geldgeber mögliche Steuervorteile.

3.5.4.7 Gemeinschaftszustiftung

Ziel jeder Stiftung, auch unter dem Dach einer Stiftergemeinschaft, muss ein wachsender Kapitalstock sein. Dieser wächst grundsätzlich durch Zuwendungen ab einem Betrag von 200 Euro. Häufig sind Menschen bereit, gemeinnützige Einrichtungen finanziell zu unterstützen – jedoch mit noch kleineren Beträgen. Deshalb ist es sinnvoll, durch zentral koordinierte Maßnahmen Gemeinschaftszustiftungen zu realisieren. Die

Idee: Durch eine bestimmte Aktion werden kleine Beträge für eine Stiftung eingesammelt, gepoolt und auf Dauer dem Stiftungsvermögen zugeführt. Gelingt es, diese Aktionen öffentlichkeitswirksam in Szene zu setzen, so bietet sich neben dem monetären Gewinn auch noch eine positive Imagesteigerung für die Bank oder Sparkasse und die Stiftung. Als Paradebeispiel kann hier der im Jahr 2009 durch den Vorstandsvorsitzenden Franz Inkmann ins Leben gerufene Flohmarkt der VR-Bank Uffenheim-Neustadt eG angesehen werden. Hier organisierte die Raiffeisenbank unter der Schirmherrschaft aller Bürgermeister im Geschäftsgebiet einen Flohmarkt. Bankmitarbeiter, aktive und Ruheständler, sammelten von Kunden gespendete Artikel und verkauften diese. Der Erlös wurde dann in Projekte der Stiftung eingebracht.[145]

Aber auch die direkte Beteiligung der Mitarbeiter einer Bank oder Sparkasse kann auf diese Weise effizient realisiert werden. So startete die Sparkasse Offenburg/Ortenau in der Vorweihnachtszeit die Aktion »1+1«. Gemeinsam riefen Personalrat und Geschäftsleitung ihre Mitarbeiter dazu auf, zu Weihnachten für ein bekanntes Stiftungsprojekt zu spenden. Für jeden Euro eines Mitarbeiters legte die Sparkasse einen zusätzlichen Euro dazu.

Neben dem Wachstum des Stiftungskapitals sorgen solche Gemeinschaftsaktionen auch für ein hohes persönliches Involvement der beteiligten Helfer und Spender – was wiederum zu einem nachhaltigen Imagegewinn des Stiftungsmanagements führt. Es ist deshalb sehr zu empfehlen, Firmen- und Gewerbekunden unter Beteiligung der zuständigen Betreuungseinheit aktiv auf diese Modelle aufmerksam zu machen, da sich auch dort sehr positive Effekte erzielen lassen.

145 Vgl. (VR-Bank Uffenheim-Neustadt eG, 2012)

3.5.4.8 Gesponserte Gründung

Bereits in Kapitel 3.4.3 über die Bürgerstiftung wurde auf die Möglichkeit einer gesponserten Stiftung hingewiesen. Ein Konzept, das grundsätzlich jedoch bei Stiftungsgründungen jeglicher Couleur Anwendung finden kann. Die Idee: Potenzielle Mäzene werden dadurch dazu ermuntert, eine Stiftung zu begründen, dass das betreuende Kreditinstitut sich im Vorfeld dazu bereit erklärt, selbst eine Summe X beizusteuern.

In der Praxis hat sich gezeigt, dass dieser monetäre Anreiz durchaus nachweisbare Erfolge erzielen kann. Allerdings muss im Rahmen der Ausschreibung und Abwicklung eines Stiftungssponsorings für höchste Transparenz gesorgt werden, da viele Begehrlichkeiten entstehen und es unbedingt negative PR zu vermeiden gilt, falls nicht alle Anfragen bedient werden können. Vor allen Dingen muss die Art der förderfähigen Stiftungen klar definiert werden. Im Falle der Bürgerstiftungen ist dies relativ einfach, da diese naturgemäß nur für eine Region errichtet werden können,[146] etwa eine Stadt, einen Landkreis oder ein traditionell abgegrenztes geografisches Gebiet. Denkbar sind jedoch auch andere konkrete Zwecke, beispielsweise Stiftungen zur Jugendförderung, für sportliche oder kirchliche Zwecke.

Eine Möglichkeit der Vergabe von Stiftungsfördergeldern besteht in der Bereitstellung eines begrenzten Förderkontingents, das im Windhundverfahren vergeben wird. So lobte beispielsweise die Sparkasse Schongau insgesamt 50 000 Euro für die Gründung von Bürgerstiftungen aus. Von diesem Kontingent wurden die ersten zehn Gründungen mit je 5000 Euro bedacht. Die Förderung war dabei an Bedingungen ge-

[146] Bundesverband Deutscher Stiftungen, 2000

knüpft, die von den jeweiligen Kommunen im Vorfeld zu erfüllen waren. Dazu zählten beispielsweise das Vorliegen eines Stadt- oder Gemeinderatsbeschlusses sowie die Berufung eines stimmrechtslosen Sparkassenmitarbeiters in den jeweiligen Stiftungsrat.[147] Dieses auf den ersten Blick transparente Vorgehen kann in der Praxis jedoch Probleme mit sich bringen. Dann nämlich, wenn mehrere Förderanträge gleichzeitig gestellt werden und der zeitliche Eingang kaum zu differenzieren ist – oder auch, wenn Verhandlungen sich über längere Zeit ziehen und bereits avisierte Fördermittel deshalb doch anderweitig vergeben werden müssen.

Um einen entspannten Ablauf von Stiftungsgründungen zu gewährleisten, empfiehlt es sich deshalb, den Förderetat so zu bemessen, dass alle vergleichbaren Errichtungen gleichmäßig unterstützt werden können. So beschloss die Sparkasse Dachau beispielsweise, alle Bürgerstiftungen im Geschäftsgebiet einheitlich mit bis zu 50000 Euro zu fördern. Bemessungsgrundlage für die Förderhöhe ist dabei der Eigenanteil der Gemeinde, der durch die Sparkasse verdoppelt wird.[148]

3.5.5 Stiftung und Fundraising

Befasst man sich mit gemeinnützigen Einrichtungen und Projekten – also dem Sektor, den zu fördern das erste Ziel einer Stiftung ist –, so kommt man am Begriff Fundraising nicht vorbei. Das Ziel von Fundraising ist die Beschaffung von Mitteln für einen bestimmten Zweck. Unter Mitteln werden dabei Mitstreiter für die Sache ebenso verstanden wie finanzielle Mittel.[149] Im weiteren Sinne können vor diesem Hintergrund sämtliche Maßnahmen zur Werbung von Stiftern oder

[147] Schuster, Christine, eigenes Interview, Oktober 2012
[148] Kugler, Julia, eigenes Interview, August 2012
[149] Vgl. (Feil, 2011), S. 11.

Zustiftern als eine Art Fundraising betrachtet werden. Ein wesentlicher Unterschied sollte jedoch nicht aus dem Auge verloren werden. Das zentrale Argument im Stiftungsmarketing liegt in der nachhaltigen, auf Dauer angelegten Förderung von Einrichtungen oder Projekten im Sinne des Geldgebers – die Sammlung von Spenden gehört hingegen nicht automatisch dazu. Da gemeinnützige Stiftungen oder Stiftergemeinschaften auch abzugsfähige Spenden empfangen dürfen, sollte sich jedes Stiftungsmanagement auch mit diesem Thema auseinandersetzen. Gerade in der Startphase, wenn nur geringe Ausschüttungen zur Zweckerfüllung genutzt werden können, sind Spenden eine wertvolle Unterstützung. Allerdings gilt es zu berücksichtigen, dass die Spendenbereitschaft der Bevölkerung weitgehend konstant ist.[150] Lediglich in Jahren mit großen Naturkatastrophen steigt das Spendenaufkommen kurzfristig um zirka 10 Prozent an – und wird speziell im Krisengebiet engagierten Einrichtungen anvertraut.[151] Man kann also von einem verteilten Spenderkuchen sprechen. Dies bedeutet: Wenn eine Stiftung damit beginnt, um Spenden zu werben, dann steht den bereits etablierten Einrichtungen weniger Geld zur Verfügung. Dies kann zu negativen Reaktionen führen – weshalb vor der Aufnahme von Spendensammlungen eine sorgfältige Chancen-Nutzen-Abwägung zu treffen ist. Da sich in der Praxis gezeigt hat, dass ein Bedürfnis nach Stiftungsspenden besteht, werden im Folgenden einige Praxishinweise dazu gegeben.

3.5.5.1 Spendenvordrucke

Banken und Sparkassen sind für Spendenwillige traditionell ein wichtiger Ansprechpartner. Deswegen werden in den

[150] Vgl. (Christenn, 2011)
[151] Vgl. (Adloff, Priller, & Strachwitz, 2010), S. 51

meisten Bankfilialen Spendenvordrucke bereitgehalten. Diese Vordrucke, auch Zahlscheine genannt, sind eine Art Visitenkarte einer Organisation. Sie beinhalten einen kurzen Text. Dieser stellt die um Spenden bittende Einrichtung und den Verwendungszweck dar. Anbei ist zudem ein bereits vorgedruckter Überweisungsträger, der es dem Spender mit wenig Aufwand ermöglicht, sein Geld zu transferieren. Zumeist handelt es sich bei den Emittenten solcher Zahlscheine um überregionale, professionell gemanagte Einrichtungen. Exemplarisch genannt seien hier Caritas, Diakonie und Rotes Kreuz, aber auch die Aktion Sorgenkind oder die ARD-Fernschlotterie. Lokale Einrichtungen oder Vereine nutzen diese Möglichkeit bislang kaum – vermutlich aus logistischen Gründen. Denn anders als bei der Erstellung von üblichen Werbepublikationen sind bei der Gestaltung von banktauglichen Spendenvordrucken die Anforderungen des Zahlungsverkehrssystems zu beachten. Darüber hinaus müssen auch bei der Druckproduktion spezielle Anforderungen berücksichtigt werden. Um akzeptable Stückkosten zu erzielen, sind deshalb hohe Druckauflagen notwendig. Diese Aspekte stellen für kleinere Organisationen anscheinend eine zu hohe Eingangshürde dar. Diese zu senken ist einer Bank oder Sparkasse in der Regel nicht möglich, da sie dies dann bei einer Vielzahl von Projekten oder Einrichtungen übernehmen müsste – was in der Masse jedoch weder personell noch finanziell zu leisten sein dürfte.

Anders ist die Situation bei Stiftungen oder Stiftergemeinschaften. Hier fungiert die Bank oder Sparkasse gewissermaßen als Pate. Von der ersten Idee bis zur Errichtung der Stiftung oder der Abwicklung der Zustiftung arbeitet das Stifterteam des Kreditinstituts eng mit den Geldgebern zusammen – und in vielen Fällen in Rahmen der Öffentlichkeitsarbeit auch darüber hinaus. Vor diesem Hintergrund kann es für ein Kreditinstitut vertretbar sein, die überschaubare Gruppe der im Haus betreuten Stiftungen im Bereich Spendenvordrucke zu unterstützen. Im Hause der Sparkasse Schongau fasste man diesen Beschluss und brachte das notwendige Know-how aus den Bereichen Zahlungsverkehr und Bankformulare mit großem Erfolg ein.[152] Die Spendenvordrucke leisten nun einen Beitrag dazu, dass Spenden nicht in überregionale Projekte fließen, sondern dauerhaft vor Ort wirken. Sie machen Spendenwillige in Bankfilialen auf die Stiftungen aufmerksam, können aber auch überall anders eingesetzt werden. So lassen sich die Zahlscheine an weiteren öffentlichen Orten auslegen, dem allgemeinen Schriftverkehr der Stiftung nahestehenden Personen beifügen oder für gezielte Spenden-Mailings nutzen.[153]

3.5.5.2 Spenderdatenbank

Geht es darum, Menschen auf eine Spende für die eigene gemeinnützige Einrichtung anzusprechen, so stellt sich immer eine Frage: Von wem könnte ich Geld bekommen? Diese Frage muss sich jede Stiftung selbst stellen – und in der Regel sind die den jeweiligen Zielen einer Einrichtung nahe stehenden Personen auch bekannt. Anders sieht es aus, wenn die Bank oder Sparkasse selbst um Spenden werben möchte. Dies kann beispielsweise der Fall sein, wenn die Stiftergemeinschaft im Allgemeinen populär gemacht werden soll oder eine Bürgerstiftung gefördert werden muss. Hier kann ein Mailing sinnvoll sein, das etwa die unter 3.5.5.1 beschriebenen Zahlscheine verteilt. Möchte man jedoch, aus Kostengründen oder zur Reduzierung der Streuverluste,

[152] Christine Schuster, eigenes Interview, Oktober 20 12
[153] Vgl. (Feil, 2011), S. 76

nicht auf eine Postwurfsendung zurückgreifen, so werden qualifizierte Adressdaten benötigt. Diese lassen sich durch die Führung und Pflege einer Spenderdatenbank bereitstellen. In diese können Personen mit Spendenaffinität aufgenommen werden. Der Aufbau einer solchen Datenbank darf jedoch, vor allem zeitlich, nicht unterschätzt werden – da die Identifizierung der geeigneten Personen aufwendig ist, möchte man auch weiche Faktoren berücksichtigen.

Relativ einfach lässt sich eine Spenderdatenbank auf Basis des Bankkundenstamms errichten. Ein erstes Selektionskriterium kann hier das Alter sein, da die Spendenbereitschaft mit zunehmendem Alter steigt. Hier empfiehlt sich eine Eingrenzung auf Personen älter 45 Jahre, da hier die Spenderquote bei knapp 80 Prozent liegt.[154]

Ein weiteres Kriterium kann im Haushaltsnettoeinkommen gesehen werden. Hier sollte man auf Einkommen höher als 1500 Euro eingrenzen, da bei diesen Haushalten die Spendenquote bei über 65 Prozent liegt.[155]

Komplexer gestaltet sich die Idee, weiche Faktoren in die Selektion einzubeziehen, da dies nicht per Knopfdruck am PC, sondern nur in Zusammenarbeit mit Geschäftsstellen oder externen Einrichtungen möglich wird. Beispielsweise lässt sich bei aktiv in eine kirchliche Gemeinde eingebundenen Personen eine doppelt so hohe Spendenbereitschaft feststellen als bei Menschen, die dies nicht sind. Ebenso hohen Einfluss hat das Politikinteresse der Kunden. So ist die Spendenwahrscheinlichkeit bei politisch Interessierten knapp 30 Prozent höher als bei Personen mit geringer Anteilnahme.[156] Sind Menschen nicht nur kirchlich oder politisch interessiert, son-

154 Vgl. (Priller & Sommerfeld, 2005), S. 16
155 Vgl. Dies., S. 19
156 Vgl. Dies., S. 29

dern engagieren sich auch persönlich, so steigt die Spendenwahrscheinlichkeit nochmals um 10 Prozent an.

3.5.6 Stiftung und Neue Medien

Die rasante Entwicklung der Medien während der letzten Jahrzehnte hat enorme Auswirkungen auf das persönliche Informationsverhalten der Menschen. Die ständige Verfügbarkeit von Informationen und die schnelle weltweite Verbreitung von Neuigkeiten trug dazu bei, aus der Bürgerschaft eine Mediengesellschaft zu formen.[157] Das inzwischen flächendeckend und mit hoher Geschwindigkeit verfügbare Internet hat sich dabei längst als Informationsquelle neben Fernsehen, Radio und Printmedien etabliert.[158] So stieg die wöchentliche Nutzung des Internets allein im Zeitraum 2007 bis 2009 bei den deutschen 25- bis 34-Jährigen um 25 Prozent. Dies entspricht einem Wert von circa 14,4 Stunden und liegt damit nur noch knapp hinter dem Fernsehen mit 14,7 Stunden.[159] Diese Entwicklung macht deutlich: Gerade eine Stiftung, die auf eine breite Öffentlichkeit angewiesen ist, muss auch im weltweiten Internet präsent sein. Die vielfältigen Möglichkeiten können an dieser Stelle nicht im Detail erläutert werden. Vielmehr verfolgt dieses Kapitel das Ziel, einen Überblick über die zahlreichen Möglichkeiten zu gewähren, die das Internet in der Stiftungskommunikation bietet. Es ist auch nicht anzuraten, alle Kanäle gleichzeitig erschließen zu wollen – vielmehr empfiehlt es sich, eine Priorisierung vorzunehmen und sich mit dem gewählten Kommunikationskanal im Detail zu befassen.

157 Vgl. (Enz, Der Einfluss der regionalen Tageszeitung auf den kommunalen Wahlkampf, 20 10), S. 2

158 Vgl. Ders., S. 3

159 Vgl. MEDIASCOPE, 2008

3.5.6.1 Die Stiftung im klassischen Internet

Auch wenn soziale Netzwerke wie Facebook oder Twitter der klassischen Homepage inzwischen etwas den Rang ablaufen, ist sie nach wie vor eine unverzichtbare Plattform für Stiftungskommunikation.[160] Denn während in Social-Media-Netzwerken, auf die in Kapitel 3.5.6.2 noch detailliert eingegangen wird, bunte Unterhaltung konsumiert wird, suchen Interessenten auf klassischen Webseiten fundierte Informationen, auf die sie spätere Entscheidungen stützen. So belegt eine Studie von Harris Interactive, dass sich Kaufentscheidungen inzwischen zu 40 Prozent auf Hintergrundinformationen aus dem Internet gründen.[161]

Inzwischen ist die Erstellung einer Webseite auch für technisch weniger Versierte kein Problem mehr – dank leistungsfähiger und einfach zu bedienender Softwarelösungen.[162] Trotzdem ist gut zu überlegen, ob die Internetpräsenz der Stiftung oder Stiftergemeinschaft in Eigenregie durchgeführt werden soll. Das wohl wichtigste Argument für eine selbst erstellte Webseite dürfte der Preis sein. So bemerkt Johannes Michel vom Bayerischen Journalistenverband, dass Webdesigner für eine professionell programmierte Internetseite teils hohe Honorare verlangen.[163] Dafür bekommt der Kunde zwar eine gute Leistung, jedoch benötigen gerade kleinere Stiftungen in der Regel nur einen Bruchteil des von Internetprofis vorgehaltenen Dienstleistungsportfolios.

Um zu erkennen, welche Leistungen im Zusammenhang mit einer Webseite benötigt werden, ist die Klärung der damit

160 Vgl. (Michel, 20 12), S. 24
161 Vgl. HarrisInteractive: The Digital Influence Index 2008
162 Vgl. (Michel, 20 12), S. 24
163 Ebd.

verbundenen Kommunikationsziele unumgänglich. An dieser Stelle ist zu beachten, dass es zwei divergierende Zielgruppen gibt, die auf im Web angebotene Inhalte Zugriff nehmen. Zum einen sind dies potenzielle Stifter, die sich unverbindlich und anonym einen Überblick über die gebotene Leistung und die mit einer Stiftung verbundenen Vorteile verschaffen wollen. Zum anderen sind dies Personen, die sich einen Überblick über die Stiftungsarbeit verschaffen wollen – aus Interesse oder in der Hoffnung, selbst einmal von der Stiftung profitieren zu können. Keine der beiden Zielgruppen sollte vernachlässigt werden, weshalb den unterschiedlichen Interessen Rechnung getragen werden sollte.

Aus diesen Anforderungen lässt sich ableiten, dass eine Stiftungsinternetseite bereits auf den ersten Blick seriös anmuten muss. Das Layout sollte deshalb zeitlos und schlicht gehalten sein sowie nicht verspielt wirken. Im Sinne einer durchgängigen Corporate Identity korrespondiert das Layout zudem idealerweise mit den übrigen Kommunikationsmitteln, beispielsweise Flyern oder Broschüren. Inhaltlich sollten fundierte Informationen für aktuelle und künftige Stifter bereitgehalten werden – die fachlich unbedingt den neuesten Stand aufweisen und deshalb ständig aktualisiert werden müssen. Daneben sollte die Stiftungstätigkeit ansprechend wiedergegeben werden, beispielsweise mit Fotos und Berichten. Diese Inhalte lassen sich inzwischen, wie eingangs bereits erwähnt, auch von Laien ansprechend im Internet umsetzen, etwa durch spezielle Software oder Content-Management-Systeme, wie Joomla oder Wordpress, die kostenfrei verfügbar sind. CM-Systeme bieten zudem den Vorteil, dass unterschiedliche Personen in die inhaltliche Pflege eingebunden werden können. Ist nicht sichergestellt, dass ständig fachlich und technisch kompetente Personen verfügbar sind, so ist eine selbst erstellte Webseite trotz niedriger Kosten kritisch zu sehen. Eine nicht regelmäßig aktualisierte Homepage wirkt unprofessionell und langweilt ihre Besucher – in der Folge sinken die Zugriffszahlen und die Internetseite erfüllt ihren Zweck nicht mehr. Zudem können fachlich falsche Informationen Haftungsansprüche nach sich ziehen. Aus diesen Gründen kann es sinnvoll sein, die kostenpflichtigen Leistungen externer Dienstleister in Anspruch zu nehmen. Hier gibt es Agenturen, die ihren Schwerpunkt auf die Betreuung von Stiftungen und Stiftergemeinschaften gelegt haben und attraktive Modelle für diese Zielgruppe vorhalten. So bietet beispielsweise die im Jahr 2002 gegründete Bühring Design und Werbeagentur aus Erlangen Komplettpakete aus einer Hand.[164] Solche Bundles beinhalten gesetzlich vorgeschriebene Veröffentlichungen, Vertragsunterlagen und Werbematerial im Web- und Printbereich. Diese Pakete können individuell ausgestaltet werden und bieten der Stiftung oder Stiftergemeinschaft zudem Rechtssicherheit.

3.5.6.2 Die Stiftung und Social Media

Wer sich mit Marketing und Kommunikation auseinandersetzt, der kommt inzwischen an Social Media nicht vorbei. Streng genommen verbergen sich hinter dieser Begrifflich keit eine Vielzahl digitaler Medien. Gemein ist ihnen allen, dass sie es Nutzern erlauben, mediale Inhalte zu gestalten und sich darüber durch Kommentare, Bewertungen oder Empfehlungen auszutauschen.[165] Sogenannte soziale Netzwerke wie Facebook, Twitter oder XING zählen ebenso dazu wie Preisvergleichsportale, Videoportale, Foren oder

[164] Vgl. (Bühring Design und Werbeagentur, 20 12)
[165] Vgl. (Bundesverband Digitale Wirtschaft e.V., 2010), S. 6

private Blogs. Für das Stiftungsmarketing von Bedeutung sein können dabei in erster Linie die Netzwerke. Sie bieten eine Plattform zur Verbreitung von Stiftungsthemen und auf diese Weise einen interessanten weiteren Kommunikationskanal. Allerdings gibt es inzwischen »eine Vielzahl an regionalen, überregionalen, themenübergreifenden sowie themenspezifischen Plattformen.«[166] Aufgrund der Fülle an Möglichkeiten kann an dieser Stelle nicht explizit auf jedes Netzwerk und seine individuellen Stärken eingegangen werden. Vielmehr werden im Folgenden allgemein gültige Grundlagen von PR auf Social-Media-Plattformen vorgestellt, die sich individuell adaptieren lassen.

Nähert sich das Stiftungsmanagement der Entscheidung über ein Engagement auf Facebook und Co., so stellt sich meist eine Frage: Ist es überhaupt nötig, sich auf einer Social-Media-Plattform zu präsentieren? Eine berechtigte Frage, vor allem, wenn bereits eine eigenständige Internetpräsenz besteht. Eine wichtige Entscheidungshilfe kann hier das Nutzungsverhalten der Internetgemeinde liefern. So nutzten Anfang 2011 knapp 14 Millionen Bundesbürger Facebook, mehr als doppelt so viele wie Anfang 2010. Dabei werden Social-Media-Angebote längst nicht mehr nur von pubertierenden Jugendlichen, sondern von allen Altersgruppen genutzt[167], wie Andreas Haderlein, Experte für neue Medien am Zukunftsinstitut, bestätigt. Doch nicht nur das rasant steigende Interesse an Social-Media-Diensten spricht dafür, diese in die Kommunikationsstrategie zu integrieren. Auch das inzwischen schier unüberschaubare Angebot an Internetseiten macht vernetzte Fanseiten attraktiv. Die Bereitstellung von Inhalten auf

[166] (Pasing, 2011), S. 38
[167] Vgl. (Haderlein, 20 12)

einer Webseite ist nur dann sinnvoll, wenn Internetnutzer auch auf das Angebot aufmerksam werden. Sparkassen und Banken haben hier einen strategischen Vorteil. Zahlreiche Kunden nutzen inzwischen Onlinebankingdienste und kommen im Rahmen des Anmeldeprozesses regelmäßig auf die Homepage ihres Finanzdienstleisters. Unwillkürlich werden sie dabei auf aktuelle Inhalte aufmerksam, sind diese entsprechend auffällig platziert. Auch wenn das Marketing einer Bank oder Sparkasse nicht explizit darauf ausgelegt ist, Surfer auf die eigene Webseite zu holen – in diesem Zusammenhang spricht man auch davon, für Traffic zu sorgen[168] –, weisen Bankhomepages dennoch in der Regel attraktive Nutzungsquoten vor. Bei der Internetseite einer Stiftung oder Stiftergemeinschaft kann man davon jedoch nicht ausgehen. Abgesehen von aktiv für die Stiftung tätigen Personen wird es, besonders in der Startphase, kaum Besucher geben, die regelmäßig nach Aktualisierungen der Stiftungsredaktion suchen. Genau diese Hürde des aktiven Suchens wird von Netzwerken wie Facebook elegant umgangen. Hier erklären Internetnutzer einmal, dass sie sich für ein bestimmtes Online-Angebot interessieren. Ab diesem Moment werden sie automatisch darüber informiert, wenn das benannte Online-Angebot aktualisiert, ergänzt oder verändert wird. Interessant ist dies vor allem, wenn ein Online-Angebot nicht regelmäßig gepflegt wird und von den Nutzern in der Zwischenzeit schon wieder vergessen wurde. Durch Social Networking kann man sich also genau dann wieder aktiv in Erinnerung rufen, wenn es auch sinnvoll ist. Ein Mittel, das sich in der Praxis bewährt, wie Michael Regnet, Social-Media-Beauftragter der Sparkasse Neuburg-Rain, bestätigt: »Facebook ist für

168 Vgl. (DiWe Media GmbH&Co. KG, 2012)

uns ein Trichter, um Leute auf unsere Homepage zu lenken. Ein Drittel der Klicks auf unsere Seite kommt inzwischen über Facebook.«[169]

Vor der Präsentation einer Stiftergemeinschaft oder Stiftung sollten sich die Verantwortlichen jedoch eines klar machen: Die Teilnahme am Social Media Computing ist etwas, das man ernsthaft und mit Respekt verfolgen sollte.[170] Denn anders als eine Internetseite, die – wenn sie einmal sauber eingerichtet ist – langfristig als virtueller Flyer für das Stiftungsengagement werben kann, muss eine Fanseite – also die Präsentation in einem sozialen Netzwerk – ständig gepflegt und aktualisiert werden. So musste die Kreissparkasse Höchstadt/Aisch feststellen, dass das Interesse an ihrem Facebook-Profil um 70 Prozent sank, nachdem länger als sieben Tage keine Aktualisierung erfolgte. Dabei gilt: »Jede Plattform besitzt eine eigene Sprache«[171], muss also in der Kommunikation unterschiedliche Anforderungen erfüllen. Eine Mitteilung eins zu eins in unterschiedlichen Netzwerken zu publizieren, führt deshalb nicht zum gewünschten Erfolg, nämlich hoher positiver Aufmerksamkeit. Gerade für ehrenamtlich geführte Stiftungen und Stiftergemeinschaften empfiehlt es sich deshalb, das soziale Netzwerk zu identifizieren, das die jeweilige Zielgruppe am ehesten erreicht – und sich im Anschluss voll auf dieses zu konzentrieren.

Die fünf größten Anbieter in Deutschland sind YouTube, XING, VZ Netzwerke, Facebook und Twitter. Sollte es also keinen regionalen Anbieter mit hoher Reichweite geben, wird die Wahl auf einen dieser fünf Anbieter fallen. Diese sind jedoch nicht gleichermaßen für eine adäquate Präsentation einer Stiftung oder Stiftergemeinschaft geeignet.

[169] (Regnet, eigenes Interview, Februar 2012)
[170] Vgl. (Kreithmeier, 2011), S. 49
[171] (Wild, 2011), S. 350

YouTube

Eine Sonderrolle nimmt hier YouTube ein. Dieses mittlerweile zum Google-Konzern gehörende Angebot ist weniger ein Netzwerk denn eine Videoplattform. Nutzer können hier Videoclips einstellen und sich mit anderen Benutzern darüber austauschen. Zahlreiche Firmen haben dies inzwischen als attraktiven Weg entdeckt, um ihre Image- oder Werbevideos zu verbreiten. Aber auch für multimediale Bedienungsanleitungen oder die Erläuterung erklärungsbedürftiger Produkte wird diese Plattform inzwischen intensiv genutzt. Ist ohnehin ein Imagefilm zum Thema Stiftung produziert, so kann dies ein attraktiver, kostengünstiger Weg der Verbreitung an eine breite Öffentlichkeit sein – ansonsten ist YouTube für die Publizierung aktueller Informationen eher ungeeignet.

XING

Die im August 2003 unter dem Namen »OpenBC« begründete Social-Media-Plattform XING versteht sich als Businessangebot.[172] Die Benutzer vorfolgen dabei konkrete geschäftliche Ziele: Unternehmen nehmen hier Stellenausschreibungen vor; Selbstständige bieten ihre Dienste an; Fachkräfte suchen Kollegen, um sich auszutauschen. XING versteht sich bewusst nicht als Freizeitangebot. Hier finden sich keine Spiele, keine allgemeinen Informationen – deshalb sollte diese Plattform im Stiftungsmarketing nicht die erste Wahl sein.

Sollte die begleitende Bank oder Sparkasse bereits auf XING aktiv sein, so kann mit überschaubarem Aufwand jedoch eine Visitenkarte eingestellt werden. Ebenso sinnvoll kann es sein, wenn ein ohnehin auf XING aktiver Stiftungsberater auf seine Kompetenz hinweist.

172 Vgl. (Pasing, 2011), S. 49

VZ Netzwerke

Anders als bei Facebook, XING oder Twitter gibt es nicht *das* VZ. Die in Berlin ansässige VZ Netzwerke Ltd. betreibt mit gleicher Technik zwei unterschiedliche Plattformen, die unterschiedliche Zielgruppen bedienen. Studenten tauschen sich im »studiVZ« aus, alle übrigen Erwachsenen können sich in »meinVZ« eintragen. Lange Zeit waren die VZ Netzwerke zusammengenommen Marktführer auf dem deutschen Markt. Die Nutzung hat sich jedoch in den letzten beiden Jahren gravierend hin zu Facebook verschoben. Dies führte im Frühjahr 2013 zur Einstellung der Sparte »schueler-VZ«, dem Netzwerkangebot für Kinder und Jugendliche. Aufgrund des derzeit noch wesentlich besseren Datenschutzes sowie des deutschen Rechtstands kann ein Edelprofil, so nennen sich Unternehmenspräsentationen im VZ-Netzwerk, trotzdem eine interessante Alternative zum Einstieg in Social Media sein.

Facebook

Der inzwischen interessanteste Anbieter ist das Netzwerk von Facebook. Die hohe Attraktivität gilt dabei gleichermaßen für private Nutzer wie gewerbliche Anbieter. Trotzdem kommt es vor allem in Bezug auf Facebook immer wieder zu negativen Schlagzeilen.[173] In der Kritik steht dabei stets der laxe Umgang mit dem Datenschutz. Dies liegt, wie Jan Post treffend bemerkt, an einem grundsätzlichen Konflikt »zwischen dem offenen Informationsaustausch in Social Media und der Schutzbedürftigkeit der Privatsphäre sowie der Anonymität der Nutzer.«[174] Dieses Bedürfnis nach Anonymität scheint gerade in der 68er-Generation extrem ausgeprägt

[173] Vgl. (Post, 2011), S. 314
[174] Ebd.

und wird auch in anderen Bereichen sichtbar, wie die folgenden zwei Praxisbeispiele belegen. So war es zu Zeiten der Deutschen Bundespost die Regel, dass jeder Inhaber eines Telefonanschlusses im amtlichen Telefonbuch verzeichnet wurde, mit vollständigem Namen, Anschrift und Telefonnummer. Lediglich Personen des öffentlichen Lebens durften, unter großem Aufwand, eine Geheimnummer beantragen. Heute ist es nicht mehr so einfach, eine Telefonnummer in Erfahrung zu bringen, da immer weniger Anschlussinhaber in einem öffentlich zugänglichen Verzeichnis stehen. Auch waren Eltern früher stolz, wenn ihre Kinder im Jahresbericht der Schule abgelichtet wurden. Heute dürfen solche Aufnahmen nur noch mit ausdrücklicher Genehmigung aller Erziehungsberechtigten gemacht und verwendet werden.

Facebook kennt diesen Wunsch nach übertriebener Geheimniskrämerei – und dies dürfte sein Erfolgsgeheimnis sein – nicht. Alle Informationen, die man in das Netzwerk speist, stehen grundsätzlich allen Nutzern zur Verfügung. Für wirklich Privates, zum Beispiel Fotos vom letzten Badeurlaub, können die Zugriffsrechte aber individuell und sinnvoll eingeschränkt werden. Weil es neben dem Bedürfnis nach Anonymität eben auch ein Bedürfnis nach Daten gibt, erfreut sich Facebook so großer Beliebtheit und kann durchaus als die Antwort der breiten Bevölkerung auf den Datenschutzexzess unserer Zeit verstanden werden. In jedem Fall bietet Facebook mit seinen derzeit 23 251 200 deutschen Nutzern[175] ein gutes Betätigungsfeld für Marketing- und PR-Schaffende. Vor allem, wenn man berücksichtigt, dass Internetnutzer im Durchschnitt 16,20 Prozent ihrer Onlinezeit auf Facebook-Seiten verbringen – auf eBay beispiels-

175 Vgl. (Statista GmbH, 2012)

weise nur 2,40 Prozent.[176] Aufgrund dieser enormen Reichweite kann ein Stiftungsprofil auf Facebook als sehr effektiv betrachtet werden.

Twitter

Eine Sonderstellung im Bereich Social Media kommt auch dem Nachrichtendienst Twitter zu. Hier werden keine Profile oder Seiten eingerichtet, sondern Informationen verteilt. Jeder Nutzer kann die Mitteilungen anderer Nutzer abonnieren und bekommt diese dann automatisch in sein Twitter-Postfach gelegt. Der Kommunikationstreibende stellt also keine Inhalte bereit, die durch einen Rezipienten abgerufen werden müssen – so wie dies bei den anderen Netzen der Fall ist. Vielmehr versendet der Kommunikationstreibende aktiv Inhalte an seine Abonnenten, die in diesem Netzwerk »Follower« genannt werden. Ziel von Twitter ist die kurze Information. Bei Interesse können sich die Follower in anderen Quellen detailliertes Wissen beschaffen. Deshalb sind die Nachrichten, so wie früher SMS-Texte für Handys, auf insgesamt 140 Zeichen beschränkt. Twitter sollte deshalb nicht als Alternative, sondern als Ergänzung zu anderen Netzwerken oder Webseiten verstanden werden. Deshalb lässt sich ein Facebook-Profil so einrichten, dass es seine Aktualisierungen automatisch in einem verknüpften Twitter-Konto anteast, also darauf aufmerksam macht.

Seniorbook

Der bereits skizzierte, diskussionswürdige Umgang mit Daten und Inhalten macht Facebook für eine nicht zu vernachlässigende Zahl an Internetnutzern unattraktiv. Gerade in der für das Stiftungsmanagement attraktiven Zielgrup-

[176] Vgl. (BITKOM, 2011)

pe »55plus« herrscht hier besondere Unsicherheit, da diese Zielgruppe nicht mit dem Internet aufgewachsen und ihm gegenüber ohnehin besonders kritisch eingestellt ist. Zudem sind viele auf Facebook gebotene Inhalte nicht zielgruppenadäquat.

Vor diesem Hintergrund hat sich im Sommer 2011 eine weitere, speziell auf die Bedürfnisse der »Silversurfer« zugeschnittene Social-Media-Plattform gegründet: Seniorbook. Dieses Netzwerk basiert auf der Grundidee von Facebook, ist jedoch um redaktionelle Inhalte angereichert und, dies dürfte unter Sicherheitsaspekten besonders interessant sein: Die Seniorbook AG mit Sitz in München unterliegt vollständig deutscher Rechtsprechung und erfüllt die Anforderungen der strengen deutschen Datenschutzgesetze.

Auch wenn Seniorbook, das macht der Name deutlich, an Facebook angelehnt ist, so unterscheidet es sich doch wesentlich von seinem Vorbild. Erklärtes Ziel des Anbieters ist es nicht nur, Menschen einer bestimmten Altersgruppe zu vernetzen – Seniorbook möchte eine virtuelle Lebenswelt abbilden. Dementsprechend breit ist das auf die speziellen Zielgruppeninteressen abgestimmte Angebot. Hier finden sich die bekannten Funktionen wie eine Personensuche, ein internes Mailsystem und eine Chatfunktion, es gibt aber auch ein eigenes Webradio sowie redaktionelle Beiträge und Veranstaltungshinweise, die sich in einem Lokalteil speziell auf den jeweiligen Nutzer abstimmen. Unter dem Schlagwort »Bürgerhilfe« betreibt dieses Online-Netzwerk zudem eine bundesweite Ehrenamtsbörse. Hier können sich gemeinnützige Projekte kostenfrei registrieren und Helfer sowie Förderer finden.

Ähnlich wie bei den bereits beschriebenen Netzwerken, so ist es auch auf www.seniorbook.de möglich, eine für gemeinnützig anerkannte Einrichtungen kostenlose Themen-

seite – ein Profil – anzulegen. Auf dieser Seite lassen sich die eigenen Ziele vorstellen. Im weiteren Verlauf können dann Texte und Bildmaterial eingestellt werden. Im Unterschied zu Facebook und Co. können diese Inhalte, soweit gewünscht, sofort öffentlich eingesehen werden. Dabei sind die Inhalte auch über Suchmaschinen auffindbar und können von Internetnutzern ohne eigenes Seniorbook-Konto gelesen werden. Dies macht die Plattform zu einem attraktiven, einfach handhabbaren Verteiler. Auch eine Verbindung mit Profilen auf Facebook, Twitter und XING ist möglich. Besonders hilfreich: Die Suche nach Spendern und Sponsoren ist in diesem Netzwerk ausdrücklich erwünscht. Ebenso die Bekanntmachung von Events, Aktionen etc.
Alles in allem stellt Seniorbook für die Stiftungskommunikation eine interessante Alternative dar. Zumal auch die Tonalität den Bedürfnissen der Nutzer – das Alter der registrierten Nutzer liegt nach Angaben des Betreibers bei durchschnittlich 55 Jahren – angepasst ist und bewusst auf Anglizismen verzichtet. So wird hier Interesse nicht mit einem Klick auf den populären Like-Button, sondern auf einen Sehenswert-Knopf bekundet.

Ein Manko besteht allerdings: Die erst im September 2012 online gegangene Social-Media-Plattform verfügt noch nicht annähernd über eine so durchgängige Bekanntheit wie die bereits beschriebenen Konkurrenten Facebook, Twitter oder XING. Möchte man Seniorbook also effektiv in der Stiftungskommunikation einbinden, so muss dies bei allen Kommunikationsmaßnahmen herausgestellt und publiziert werden.

Wie bereits erwähnt, bedarf ein Social-Media-Konto einer kontinuierlichen inhaltlichen Betreuung, soll es für die Netzwerkgemeinde attraktiv sein. Diese Erkenntnis führt unweigerlich zu der Frage, welche Inhalte sich zur Veröffentlichung eignen. Auch im Internet gilt hierbei die alte Weisheit, dass nicht alles von jedem gesagt werden muss. Stefan Finkenzeller, Konzernbeauftragter der BayernLB, empfiehlt deshalb, nur Beiträge zu verfassen, die dem Leser einen erkennbaren Mehrwert bieten.[177] Einen solchen Mehrwert generieren in der Regel Veröffentlichungen mit lokalem Bezug. Die Nutzer wollen im Social Web nicht noch einmal das hören, was sie bereits in TV oder Radio gehört haben. Dafür interessieren sie sich für Ereignisse aus ihrem direkten Umfeld, auch wenn diese auf den ersten Blick nicht besonders relevant erscheinen und deshalb in anderen Medien, beispielsweise der regionalen Tageszeitung, keine Erwähnung finden. Grund hierfür ist auch die Tatsache, dass – anders als gezielt aufgerufene Webseiten – Social-Media-Angebote nicht zur Informationsbeschaffung, sondern zur Unterhaltung aufgesucht werden. Oft wird Facebook deshalb mit einem Marktplatz oder einem Stammtisch verglichen. Aus diesem Grund müssen Informationen leicht konsumierbar sein. Dies führt zu einem Revival der obersten Verhaltensregel, die früher in Telefonzellen angebracht war: Fasse dich kurz. Besonders attraktiv werden deshalb Fotos angesehen, die nur mit kurzen – zuweilen auch gar keinen – Erklärungen versehen sind. Für die PR-Praxis des Stiftungsmarketings bedeutet dies, nicht über die bundesweite Stifterszene zu berichten, dafür über alle Aktivitäten vor Ort. Dies kann die Übergabe einer Spende an eine geförderte Einrichtung ebenso sein wie die Berichterstattung von Gremiensitzungen oder die Bekanntgabe von neuen Stiftungen und Zustiftungen. Dabei sind allerdings Datenschutzbestimmungen und Bankgeheimnis strikt einzuhalten. »Überlegen Sie sich daher sorgfältig, was

177 Vgl. (Finkenzeller, 2011), S. 49

Sie veröffentlichen, und handeln Sie überlegt«[178], rät Christine-Emilie Fettich, Expertin für Investor Relations bei der BayernLB. Es empfiehlt sich deshalb, stets die Einwilligung der betroffenen Personen einzuholen, am besten in schriftlicher Form.

Häufig ist es das Kommunikationsziel, eine möglichst große Öffentlichkeit für das Stiftungsengagement herzustellen. Um dieses Ziel zu erreichen, werden unterschiedliche Kommunikationswege bespielt. Damit dies dauerhaft erfolgreich gelingt, bedarf es der Einstellung auf deren unterschiedliche Eigenschaften. Möchte man Berichterstattung in der lokalen Tageszeitung, so sollte das gleiche Thema vor einer Zeitungsveröffentlichung auf keinen Fall in sozialen Netzwerken behandelt werden. Einerseits, weil Tageszeitungen aktuelle und nicht bereits verbrauchte Themen besetzen wollen. Andererseits, weil Zeitungsleser Geld bezahlen – und dies nicht für allgemein und kostenfrei zugängliche Informationen tun wollen. Ebenso sollte davon abgesehen werden, selbst erstellte Pressetexte eins zu eins auf Facebook und Co. zu veröffentlichen, da sich längere Texte auf diesen Plattformen nur schwer lesen lassen. Hier überzeugt ein kurzer Text in knackiger Sprache weitaus mehr. Im Idealfall lässt sich das Social Web dazu nutzen, eine Geschichte von einer anderen Seite zu beleuchten. Hier kann die Story hinter der Story in Szene gesetzt werden. Beispielsweise muss nicht noch einmal die Übergabe eines Schecks gezeigt werden, dafür aber die Schar an Zeitungsfotografen, die diesen Akt begleitet. Es muss nicht noch einmal gezeigt werden, wie der Stiftungsvorsitzende seinen Jahresbericht verliest – dafür kann ein Fotoalbum mit allen erwähnten Aktivitäten gezeigt werden.

[178] (Fettich, 2011), S. 48

Wenn das Ziel einer Kommunikationsstrategie die Herstellung größtmöglicher Öffentlichkeit ist, dann steigt der Erfolg einer Social-Media-Aktivität mit der Erreichung möglichst vieler Rezipienten. Ob Facebook-Nutzer eine Veröffentlichung lesen oder ein Bild ansehen, liegt jedoch nicht allein am Inhalt – eine wichtige Rolle spielt hier Relevanz. Wie bei Internetsuchmaschinen, so gibt es auch bei Facebook eine geheime Systematik zur Ermittlung der Relevanz eines Beitrags. Gleichwohl gibt es zwei Stellschrauben, die sich gezielt nutzen lassen: Dazu gehört zum einen der Zeitpunkt der Veröffentlichung. Dies liegt am Grundprinzip von Facebook. Es beruht darauf, dass ein Nutzer durch die Annahme einer Freundschaft bei Privatpersonen oder das Drücken des »Gefällt mir«-Buttons bei Unternehmen oder Organisationen sein Interesse bekundet. Grundsätzlich wird der Benutzer ab diesem Moment über Aktivitäten der mit ihm Verbunden Profile informiert. Allerdings erfolgt diese Information ähnlich einem Newsticker. Aktuelle Informationen reichen ältere Veröffentlichungen nach unten durch, bis sie schließlich gar nicht mehr angezeigt werden. Je länger ein Benutzer nicht online ist, also seine Mitteilungen nicht abruft, je mehr Aktivitäten kommen zusammen. Deshalb empfiehlt es sich, zu Zeiten zu publizieren, zu denen die meisten Nutzer auf Facebook unterwegs sind. Dies ist werktags in der Mittagspause sowie ab 17.30 Uhr.

Der zweite, teilweise beeinflussbare Relevanz-Faktor beruht auf der Viralität von Beiträgen. Virales Marketing hat zum Ziel, durch das Auslösen und Steuern von Mundpropaganda Kampagnen, Produkte oder Unternehmen bekannt zu machen.[179] Aktivem Viralmarketing gelingt es dabei, die Netzwerkteilnehmer selbst zu Botschaftern zu machen. Sie

179 Vgl. (Langner, 2009), S. 20–24

empfehlen anderen Teilnehmern ein Produkt, kommentieren eine Nachricht oder weisen auf Fotos oder Filme hin. Facebook erstellt deshalb ein Ranking, in das Zugriffe und Verlinkungen zu den Beiträgen eines Profils ebenso einfließen wie die tatsächlichen vollständigen Abrufe von Informationsangeboten. Deshalb empfiehlt es sich, Facebook-Nutzer, die der Stiftung oder Stiftergemeinschaft nahe stehen (beispielsweise Bankmitarbeiter, aber auch Familienmitglieder und Angehörige begünstigter Einrichtungen) aktiv in die Social-Media-Kommunikation einzubinden. Häufig verfolgen diese Zielgruppen interessiert das Informationsangebot rund um die Stiftung. Ihnen ist dabei aber nicht bewusst, wie wichtig es ist, Beiträge zu kommentieren, weiterzuempfehlen oder auch nur auf »Gefällt mir« zu drücken.

Gelingt es, Veröffentlichungszeitpunkt sowie Viralität gezielt zu koordinieren, so kann die Relevanz des Stiftungsprofils deutlich erhöht werden. Damit bleiben neue Beiträge für die übrigen Benutzer länger sichtbar und erzielen eine höhere Reichweite.

4 Weiterführende Literatur

4.1 Ratgeber Fundraising

Feil, Julian: Ratgeber Fundraising. Wissen für die Praxis, Deutscher Sparkassenverlag, Stuttgart 2011, ISBN 978-3-09-305996-4

Das Buch »Ratgeber Fundraising« eignet sich aufgrund der hohen Praxisorientierung für Fundraising-Einsteiger. Ziel des Autors Julian Feil – er war über 20 Jahre in Werbung und Marketing tätig – ist die Vermittlung von Hilfe zur Selbsthilfe. Seine auf 134 Seiten ausgearbeiteten Ideen richten sich in erster Linie an Non-Profit-Organisationen, lassen sich jedoch ideal von Stiftungen und Stiftergemeinschaften adaptieren. Das Buch ist in fünf Themenbereiche untergliedert. Diese beinhalten einen historischen Überblick über die Entwicklung des Fundraisings und die Grundlagen einer Non-Profit-Organisation. Darüber hinaus werden Grundlagen des Projektmanagements vermittelt und notwendige Ressourcen des Fundraisings aufgezeigt. Abgerundet wird das Fachbuch durch Praxisbeispiele und Checklisten. Das im Jahr 2012 im Deutschen Sparkassenverlag erschienene Buch zeigt alle wichtigen Grundlagen der Fremdmittelbeschaffung auf und eignet sich daher auch als Handreichung an Stiftungsbetreuer, Beiräte und Aktive. Es ist direkt beim Deutschen Sparkassenverlag erhältlich.

4.2 Social Media

Neuhaus, Dirk: Social Media: Ein Handbuch für die Sparkassen-Finanzgruppe, Deutscher Sparkassenverlag, Stuttgart 2011, ISBN 978-3-09-305136-4

Einen rasanten Aufschwung haben in kürzester Zeit Social-Media-Plattformen wie Facebook, XING oder Twitter genommen. Für Stiftungen und Stiftergemeinschaften, aber auch Vereine und Unternehmen bieten sich hier neue Möglichkeiten, Kunden zu gewinnen und zu binden. Gleichwohl bestehen auch Risiken. Unter Leitung von Dirk Neuhaus haben sich Absolventen der Hochschule der Sparkassen-Finanzgruppe intensiv damit auseinandergesetzt. Entstanden ist dabei ein 418-seitiges Buch, das systematisch Grundwissen hinsichtlich Angebot, Technologien und Anwendungsbereich von Social Media vermittelt. Der Schwerpunkt liegt dabei in den Bereichen Marketing und Kommunikation – weshalb es auch für Stiftungsbetreuer interessante Aspekte darlegt. »Social Media« eignet sich für alle, die über die praktische Anwendung hinaus Informationen über das als »Web 2.0« bezeichnete Internetangebot erhalten wollen – ohne selbst für längere Zeit vor dem Computer zu sitzen. Nicht geeignet ist es für alle jene, die eine zuverlässige Bedienungsanleitung für Social-Media-Plattformen suchen. Aufgrund des schnellen technischen Wandels ist dies jedoch in einem gedruckten Buch wohl auch nicht nicht leistbar.

5 Literaturverzeichnis

Adloff, F., Priller, E., & Strachwitz, R.G. (2010). Prosoziales Verhalten. Stuttgart: Lucius & Lucius.

Andrick, B., & Suerbaum, J. (2001). Stiftung und Aufsicht. München: Verlag C.H. Beck.

ARD. (2009). ARD-ZDF-Onlinestudie. Abgerufen am 05.02.2012 von www.ard-zdf-onlinestudie.de/index.php?id=onlinenutzung

Armbrecht, W. (1992). Innerbetriebliche Public Relations. Opladen: Westdeutscher Verlag.

Auerbach Stiftung. (2012). Auerbach Stiftung. Abgerufen am 25.11.2012 von http://www.auerbach-stiftung.de/

BDW. (1993). Erhebungsbericht 1992. Bonn.

Beger, R., Gärtner, H.-D., & Mathes, R. (1989). Unternehmenskommunikation: Grundlagen, Strategien, Instrumente. Frankfurt: Gabler Verlag.

Bezirksregierung Münster. (2008). Eine Herausforderung – die Gründung einer Stiftung. Münster: Bezirksregierung Münster.

BITKOM. (September 2011). Anteile der folgenden Webseiten an der im Internet verbrachten Zeit im September 2011. Abgerufen am 15.02.2012 von Statista: http://de.statista.com/statistik/daten/studie/205191/umfrage/websites-nach-online-nutzungszeit-in-deutschland/

Bruhn, M. (2009). Integrierte Unternehmens- und Markenkommunikation. Stuttgart: Schäffer-Poeschel Verlag für Wirtschaft – Steuern – Recht.

Bruhn, M., & Ahlers, G.M. (2007). Organisation der Kommunikationsfunktion: Teamarbeit als Erfolgsfaktor. In A. Zerfaß, Handbuch Unternehmenskommunikation. Wiesbaden: Gabler Verlag.

Bühring Design und Werbeagentur. (21.11.2012). Wir sind stolz auf unsere Kunden. Abgerufen am 21.11.2012 von www.buehring-media.de/work_01_04.html

Bundesverband Deutscher Stiftungen. (31.12.2012). stiftungen.org. Abgerufen am 20.04.2013 von http://www.stiftungen.org/fileadmin/bvds/de/Presse/Grafiken__Zahlen_Daten/Stiftungszahlen_und_Dichte_2012.pdf

Bundesverband Deutscher Stiftungen (2000). 10 Merkmale einer Bürgerstiftung. Berlin: Bundesverband Deutscher Stiftungen.

Bundesverband Deutscher Zeitungsverleger. (2009). Die deutschen Zeitungen in Zahlen und Daten. Berlin: Bundesverband Deutscher Zeitungsverleger.

Bundesverband Digitale Wirtschaft e.V. (2010). Social Media Kompass 2010/2011. Düsseldorf.

Bundesverband Investment und Asset Management e.V. (26.08.2010). BVI Bundesverband Investment und Asset Management e.V. Abgerufen am 18.12.2010 von http://www.bvi.de/de/BVI-Bibliothek/2009/2009_JB.pdf

Christenn, U. (01.12.2011). Spenden – was habe ich eigentlich davon? Abgerufen am 23.11.2012 von http://www.evangelisch.de/themen/religion/spenden-was-habe-ich-davon52483

Cremer, M. (1995). Presse- und Öffentlichkeitsarbeit in Banken und Sparkassen. Stuttgart: Deutscher Sparkassenverlag.

Christoph Metzelder Stiftung (2013). Stiftungszweck. Abgerufen am 07.03.2013 von http://www.metzelder-stiftung.de/?page_id=79

Deka Investment GmbH. (2012). Fondsporträt Deka-Stiftungen Balance. Frankfurt a. Main: Deka Investment GmbH.

Deka Investment GmbH. (2012). Fondsporträt per 31.10.2012. Frankfurt a. Main: Deka Investment GmbH.

DekaBank. (11.05.2011). Deka-Stiftungen Balance. Abgerufen am 25.11.2012 von stiftungen.org: http://www.stiftungen.org/fileadmin/bvds/de/Termine_und_Vernetzung/Deutsche_StiftungsTage/StiftungsTag_2011/Dokumentation/Stiftertag_2011_Final.pdf

DekaBank. (31.10.2012). Deka-Stiftungen Balance. Abgerufen am 25.11.2012 von https://www.deka.de/decontent/produkte/fonds/portrait/portraitDE0005896864.jsp

Deutsche Stiftungstreuhand AG. (2011). www.stiftungstreuhand.com. Abgerufen am 09.01.2011 von http://www.stiftungstreuhand.com/cms/website.php?id=/stiftergemeinschaften.htm

Deutscher Sparkassen Verlag GmbH. (2012). Soziales Engagement: Entscheiden Sie auf Knopfdruck. Stuttgart: Deutscher Sparkassen Verlag.

Dilts, R.B. (1998). Von der Vision zur Aktion. Paderborn: Junfermann.

DiWe Media GmbH & Co. KG. (15.03.2012). DiWe Media Solutions for everyone. Abgerufen am 15.03.2012 von www.sebcom-online.de/lexikon/traffic.html

Dorsch, A. (14.08.2010). Wie Privatvermögen der Gesellschaft nutzt. Höchstadt: Fränkischer Tag, S.9.

dpa. (04.02.2012). Augsburger Allgemeine. Abgerufen am 05.02.2012 von www.augsburger-allgemeine.de/politik/Vererbte-Vermoegen-werden-groesser-id18592156.html

Enz, C. (2010a). Der Einfluss der regionalen Tageszeitung auf den kommunalen Wahlkampf. Krems: Donau Universität Krems.

Enz, C. (01.10.2010b). www.stiftergemeinschaft.info. Abgerufen am 09.012011 von http://www.stiftergemeinschaft.info/ziele.html

Evangelische Landeskirche Bayern. (25.12.2010). www.bayern-evangelisch.de. Abgerufen am 25. Dezember 2010 von http://www.bayern-evangelisch.de/www/ueber_uns/referat-b-3.php

Falkenberg, V. (2000). Pressemitteilungen schreiben. Frankfurt a. Main: F.A.Z.-Institut für Management-, Markt- und Medieninformationen.

Feil, J. (2011). Ratgeber Fundraising. Wissen für die Praxis, Stuttgart: Deutscher Sparkassenverlag.

Fettich, C.-E. (10.2011). Handeln Sie überlegt. München: BayernLB.

Finkenzeller, S. (10.2011). Schaffen Sie einen Mehrwert. München: BayernLB.

Fleschütz, K. (09.01.2011). www.foerderland.de. Abgerufen am 09.01.2011 von http://www.foerderland.de/1288.0.html

Freiherr von Campenhausen, A., & Seifart, W. (1999). Handbuch des Stiftungsrechts. München: C.H. Beck.

Fritz Thyssen Stiftung. (27.02.2011). Fritz Thyssen Stiftung. Abgerufen am 27.02.2011 von http://www.fritz-thyssen-stiftung.de/?id=41

Geld-Magazin. (12.06.2009). Produkt im Test – Deka Stiftungen Balance. Abgerufen am 25.11.2012 von www.geld-magazin.de/finanzen/produkt-im-test/produkte-im-test-einzelansicht/article/produkt-im-test-deka-stiftungen-balance.html

Haase-Theobald, C. (2007). Stiftungen in der Praxis. (K. Wigand, C. Haase-Theobald, M. Heuel, & S. Stolte, Hrsg.) Wiesbaden: Gabler Verlag.

Haderlein, A. (29.02.2012). Neue Wege der Kommunikation, keine Angst vor dem digitalen Kunden. (C. Enz, Interviewer) München.

Heckhausen, J., & Heckhausen, H. (2010). Motivation und Handeln. Heidelberg: Springer.

Henkel, N. (07.2010). Geldinstitute. Bank-IT und Organisation für Entscheider. Abgerufen am 04.02.2012 von www.geldinstitute.de/data/beitrag/Artikel-Vertrauen-zurueckgewinnen_5473277.html

Hermann Reemtsma Stiftung. (27.02.2011). Hermann Reemtsma Stiftung. Abgerufen am 27.02.2011 von http://www.hermann-reemtsma-stiftung.de/index.php?content=die-stiftung

Hirmer, R. (2012). In: RM Software für Spenden- und Sponsoring-Management unterstützt Banken und Sparkassen. Abgerufen am 20.04.2013 von www.mittelstandcafe.de/run-software-fuer-spenden-und-sponsoring-management-unterstuetzt-banken-und-sparkassen-718714.html/

Hirschberg, B., & Düll, H. (2010). Das Magazin. Kundenzeitung der Sparkasse Rothenburg o.d.T. Rothenburg o.d.T.: Stadt- und Kreissparkasse.

Hof, H., Bianchini-Hartmann, M., & Richter, A. (2003). Stiftungen. Errichtung – Gestaltung – Gemeinnützigkeit. München: Beck.

Institut für Demoskopie Allensbach. (2012). Postbank Erbschaftsstudie 2012. Abgerufen am 31.05.2012 von www.ifd-allensbach.de

Institut für Urheber- und Medienrecht e.V. (15.02.2006). Fotografieren von Personen des öffentlichen Lebens auf öffentlichen Straßen zulässig. Abgerufen am 06.03.2013 von http://www.urheberrecht.org/news/2576/

José Carreras Stiftung. (16.12.2010). José Carreras Leukämie-Stiftung. Abgerufen am 27.2.2011 von http://www.gesundheit-news.de/jose-carreras-spenden-gala-2010-gegen-leukaemie-ard/

Kaiser, C.M. (2006). Kundenbindung in der Anlageberatung vermögender Privatkunden. Aachen: Shaker Media.

Katharina Witt Stiftung (2005). Stiftungsrat der Katharina Witt-Stiftung. Abgerufen am 07.03.2013 von http://www.katarina-witt-stiftung.de/stiftung.html

Kocks, K. (2001). Glanz und Elend der PR. Wiesbaden: Westdeutscher Verlag.

Kogler, Z. (2011). (C. Enz, Interviewer)

Kollmann, T. (05.02.2012). Gabler Wirtschaftslexikon. Abgerufen am 05.02.2012 von http://wirtschaftslexikon.gabler.de/Archiv/77302/newsletter-v6.html

Kreithmeier, J. (2011). Bestimmen Facebook, Twitter und Co. Ihr Leben? München: BayernLB.

Kühlmann, K., Käßer-Pawelka, G., Wengert, H., & Kurtenbach, W. von (2002). Marketing für Finanzdienstleistungen. Frankfurt am Main: Verlag Fritz Knapp.

Landesakademie für Fortbildung und Personalentwicklung an Schulen. (2012). Lehrerinnen Fortbildungs Server. Abgerufen am 05.02.2012 von http://lehrerfortbildung-bw.de/kompetenzen/gestaltung/layout/pdf-doc/pc-lesen.pdf

Landeshauptstadt Stuttgart (12.01.2010). www.stuttgart.de. Abgerufen am 12.01.2010 von http://www.stuttgart.de/item/show/56295

Langner, S. (2009). Viral Marketing: Wie Sie Mundpropaganda gezielt auslösen und Gewinn bringend nutzen. Wiesbaden: Gabler Verlag.

LBS Schleswig-Holstein. (03.06.2012). Altersvorsorge – Pluspunkte fürs Eigenheim. Abgerufen am 03.06.2012 von www.lbs.de/shh/altersvorsorge

Lihotzky, N. (2003). Kundenbindung im Internet. Maßnahmen und Erfolgswirksamkeit im Business-to-Consumer-Bereich. Wiesbaden: Gabler Verlag.

Marotzke, S. (2010). Pressemitteilung Nr. 103. Berlin: Deutscher Sparkassen- und Giroverband.

Meyn, C., Richter, A., & Koss, C. (2009, 2. Auflage). Die Stiftung. Freiburg: Rudolf Haufe Verlag.

Michael Stich Stiftung. (27.02.2011). Michael Stich Stiftung. Abgerufen am 27.02.2011 von http://www.michael-stich-stiftung.org/

Michel, J. (12.2012). Modern, schick, einfach adminstrierbar. In: BJV report. München: Bayerischer Journalistenverband.

Most, I. (18.03.2009). Der Tagesspiegel. Abgerufen am 19.12.2010 von http://www.tagesspiegel.de/wirtschaft/finanzen/sparkassen-trotz-krise-mit-milliardengewinn/1476720.html

Nufer, G. (2006). Event-Marketing: Theoretische Fundierung und empirische Analyse unter besonderer Berücksichtigung von Imagewirkungen. Wiesbaden: Deutscher Universitäts-Verlag.

Pasing, T. (2011). Social Media Plattformen. In: Neuhaus, D. (Hrsg.): Social Media – Ein Handbuch für die Sparkassenfinanzgruppe. Stuttgart: Deutscher Sparkassenverlag.

Post, J. (2011). Chancen und Risiken für den Social Media Vertrieb. In: Neuhaus, D. (Hrsg.): Social Media – Ein Handbuch für die Sparkassenfinanzgruppe. Stuttgart: Deutscher Sparkassenverlag.

Postbank AG. (31.05.2012). Postbank Studie: Erbschaftswelle in historischem Ausmaß rollt auf Deutschland zu – Jeder Zweite plant Nachlass. Abgerufen am 03.06.2012 von www.postbank.de/postbank/pr_presseinformation.html;jsessionid=7637EF2AB4AC66E336CF8EA54453EA586AE.B121DE?newsid=1300980045413

Priller, E., & Sommerfeld, J. (2005). Wer spendet in Deutschland? Berlin: Wissenschaftszentrum Berlin für Sozialforschung (WZB).

PrivatBanking GmbH. (2012). Liebgewonnenes bewahren und über die Zukunft hinaus gestalten. Abgerufen am 25.11.2012 von http://www.s-privatebanking.de/stiftungen.html

Regnet, M. (09.02.2012). Social-Media-Fachgespräch. (C. Enz, Interviewer) München.

Reibnitz, A. (2011). 3 x 3 Argumente für Print. Berlin: Verband Deutscher Zeitschriftenverleger.

Reisinger, R. (25.11.2008). schoellerbank.at. Abgerufen am 19.12.2010 von http://www.schoellerbank.at/023/home/page.jsp?notesId=G23C6F6

Rüth, B. (03.08.2009). management-praxis.de. Abgerufen am 19.12.2010 von http://www.management-praxis.de/unternehmen/strategie/kundenbindung-als-wichtigstes-marketinginstrument

Schauhoff, S. (2005). Handbuch der Gemeinnützigkeit. München: C.H. Beck.

Schellenberger, A., & Hesse, L. (2008). Zum Pendlerverhalten der sozialversicherungspflichtig Beschäftigten in Sachsen 1996 bis 2006. Kamenz: Statistisches Landesamt des Freistaates Sachsen.

Schmidt, H. (2005). (C. Enz, Interviewer)

Schreyer, M. (16.03.2009). Marktschreyer Social Media Experte. Abgerufen am 27.02.2011 von http://marktschreyer.de/das-comeback-der-flyer-werbung

Schuh, G. (2005). Produktkomplexität managen. München: Carl Hahn Verlag.

Schuh, M. (08.03.2010). Ungepflegte Gräber werden in Hagen eingeebnet. Abgerufen am 23.06.2013 von Westfälische Rundschau: http://www.derwesten.de/wr/staedte/hagen/ungepflegte-graeber-werden-in-hagen-eingeebnet-id2687335.html

Schuster, C. (2012). (C. Enz, Interviewer)

Sparkasse Dortmund. (2012). Gemeinsam stark. Abgerufen am 25.11.2012 von https://www.sparkasse-dortmund.de/privatkunden/altersvorsorge/stiftungen/ansprechpartner/index.php?n=%2Fprivatkunden%2Faltersvorsorge%2Fstiftungen%2Fansprechpartner%2F&IFLBSERVERID=IF@@014@@IF

Sparkasse Fürth. (2012). Ein Geschenk, das allen Freude macht! Fürth: Sparkasse Fürth.

Sparkasse Offenburg / Ortenau. (2008). S HausRente – Ihre Vorteile auf einen Blick. In: Sparkassen-Hausrente. Offenburg: Sparkasse Offenburg/Ortenau.

Sparkasse Offenburg/Ortenau. (November 2008). S HausRente, die Zusatzrente dank Immobilienbesitz. In: Sparkassen-HausRente. Sparkasse Offenburg / Ortenau.

Sparkasse Offenburg / Ortenau. (2010). Gemeinsam stark. Abgerufen am 25.11.2012 von https://www.sparkasse-offenburg.de/zielgruppen/oeffentliche-kunden/stiftungen/ihre-vorteile/index.php?n=%2Fzielgruppen%2Foeffentliche-kunden%2Fstiftungen%2Fvorteile%2F

Statista GmbH. (01.03.2012). Statista. Abgerufen am 15.03.2012 von Anzahl der aktiven Nutzer von Facebook in Deutschland von 03.2011–

03.2012: http://de.statista.com/statistik/daten/studie/70189/umfrage/nutzer-von-facebook-in-deutschland-seit-2009/

Statistisches Bundesamt. (2005). Leben und arbeiten in Deutschland.

Wiesbaden: Statistisches Bundesamt.

Stiftergemeinschaft der Sparkasse Südliche Weinstraße. (2008). Gemeinsam für den guten Zweck – Dauerhaft und in Ihrem Namen. Landau: Stiftergemeinschaft der Sparkasse Südliche Weinstraße.

Thum, W.E., & Reif, J. (2010). Effizientes Management von Projekten als Erfolgsfaktor. In: Betriebswirtschaftliche Blätter. Stuttgart: deutscher Sparkassenverlag.

Thum, W.E., & Semmler, M. (2003). Kundenwert in Banken und Sparkassen. Wiesbaden: Gabler Verlag.

Tönnesmann, J. (05.10.2011). Zeit Online. Abgerufen am 04.02.2012 von www.zeit.de/karriere/beruf/2011-10/befristung-jobwechsel-arbeitsmarkt

Vogel, M. (21.09.2011). Kleines EDV-Lexikon. Abgerufen am 05.02.2012 von http://lexikon.martinvogel.de/newsletter.html

VR-Bank Uffenheim-Neustadt e.G. (2012). In: Bürgerstiftung. Neustadt a.d. Aisch.

VR-Bank Uffenheim-Neustadt eG. (2012). Großer Flohmarkt 2012. Abgerufen am 25.11.2012 von www.raiba-nea.de/v02/pub/index.html?navID=de1&poolID=6&detailID=525&page=1&suchtxt=&only=389&IDS=RFYMT42m

Wall, P. (2013). Ruhepol. Abgerufen am 23.06.2013 von: http://www.ruhepol-magazin.de/bericht-grabgestaltung-und-pflege

Wesierski, B. (28.08.2008). FOCUS-Online. Das Haus gegen eine Rente tauschen, www.focus.de/immobilien/finanzieren/tid-11627/umgekehrte-hypothek-das-haus-gegen-eine-rente-tauschen_aid_328069.html. (A. Wiktorin, Interviewer) München: FOCUS Magazin Verlag.

Wigand, K. (2007). Stiftungen in der Praxis. Wiesbaden: Gabler Verlag.

Wild, T. (2011). Social Media Strategie. In: Neuhaus, D. (Hrsg.): Social Media – Ein Handbuch für die Sparkassenfinanzgruppe. Stuttgart: Deutscher Sparkassenverlag GmbH.